オバマの経済政策とアベノミクス

日米の経済政策はなぜこうも違うのか

萩原伸次郎
Shinjiro Hagiwara

学習の友社

はじめに

米国経済は、２０１５年の現在着実な経済成長を記録しています。たしかに、世界経済危機後貧富の格差がますます開き、また、移民、黒人問題など、日本では考えにくい社会的諸問題が頻発していますが、オバマ大統領は、就任以来ブレることなく、中間層を強化する様々な措置を実行してきました。もちろん、オバマ政権の政策は、議会で多数派を占める共和党議員の執拗な抵抗によって、満足のいく結果とはなっていません。２０１２年11月にオバマ大統領は、共和党大統領候補ミット・ロムニーにかなりのところまで追い込まれましたが、何とか再選に持ち込むことに成功しました。しかし、米国議会は、下院は共和党が多数を占め、上院も民主党がかろうじて多数を維持できたというありさまでしたし、２０１４年11月の中間選挙では、与党民主党は、上下両院でいずれも少数派となってしまいました。

オバマ大統領再選後、いわゆる「財政の崖」(fiscal cliff) 問題が、現実味を帯び、２０１３年3月から、実際に２０１１年8月に制定されていた予算統制法が発動され、裁量的財政支出の一律削減がおこなわれました。10月には、連邦債務上限問題が浮上し、野党共和党の嫌がらせによって、予算が決定されないところから、政府機関が一時閉鎖され、連邦公務員の一時解雇という危機的事態にまで追い込まれました。２０１３年は、その意味で米国経済に、財政上の逆風が吹きまくり、経済成長率も低下するということとなりましたが、２０１４年は、そうした逆風も過ぎ去り、日本や欧州のゼロ成長諸国とことなり、着実な経済成長を示し始めました。２０１４年9月末、連邦準備制度理事会（ＦＲＢ）は、連邦準備銀行による量的緩和政策を停止すると発表しましたし、２０１５年には、中央銀行の本来の金融政策である金利政策に戻る日も遠くはありません。

こうした米国経済の動きと比較して、日本経済は、世界経済危機の影響をもろに受けてから今日まで、停滞状況が続いています。すでに日本経済は、本格的構造改革が開始された1998年橋本改革から2008年9月のリーマンショックに至るまで、名目国内総生産（GDP）がほぼ500兆円というゼロ成長が続いていましたが、この経済危機で500兆円を大きく割り込みました。

危機後、政権が一時、自民党から民主党に移りましたが、民主党の失政によって、2012年12月、政権を取り戻した自由民主党は、第2次安倍内閣を成立させ、日本経済の閉塞感を打破すると称し、安倍晋三氏が提唱したいわゆるアベノミクスを実行してきました。しかし、このアベノミクスは、日本銀行の量的緩和政策の連続的な実行によって、株高と円安を加速させたものの、2014年4月から消費税を8％に上昇させ、日本経済を成長軌道に乗せることに失敗し、国民生活を深刻な状況に追い込んでいます。

追い込まれた安倍政権が打った衆議院解散と総選挙において、小選挙区制という選挙制度に助けられ、自由民主党は議席と得票率を減らしたものの公明党と連立で安倍政権を継続することにはなりました。1年半後の消費税10％への上昇の決定は、おそらく国民生活をこれまで以上の深刻な事態へ追い込むことになるでしょう。

しかしながら、こうした日米の経済政策の違いはどこから出てきたのでしょうか。この小著の目的は、世界経済危機後の日米の経済政策について比較検討を行ない、今後の日本の経済政策についてあるべき姿を提示することにあります。ことの始まりは、世界経済危機にありましたから、米国経済における危機勃発の状況と経済政策について論じるところから始めることにしましょう。

目次

■基礎知識■　国内総生産（GDP）と経済成長

GDP（国内総生産）

ある国内で一定期間（通常は１年間）に市場向けに生産された、すべての最終財・サービスの総貨幣価値

経済成長

GDP（国内総生産）が増えること。通常、プラス（増）の時は好況、マイナス（減）のときは不況。

GDP（国内総生産）の構成要素

GDP は、［消費＋投資＋政府支出＋輸出－輸入］に等しい。（支出面）
通常　$Y(GDP)=C+I+G+X-M$　という式で表される。

日米の GDP と構成要素比率

（2013年。1ドル＝110円で表示）

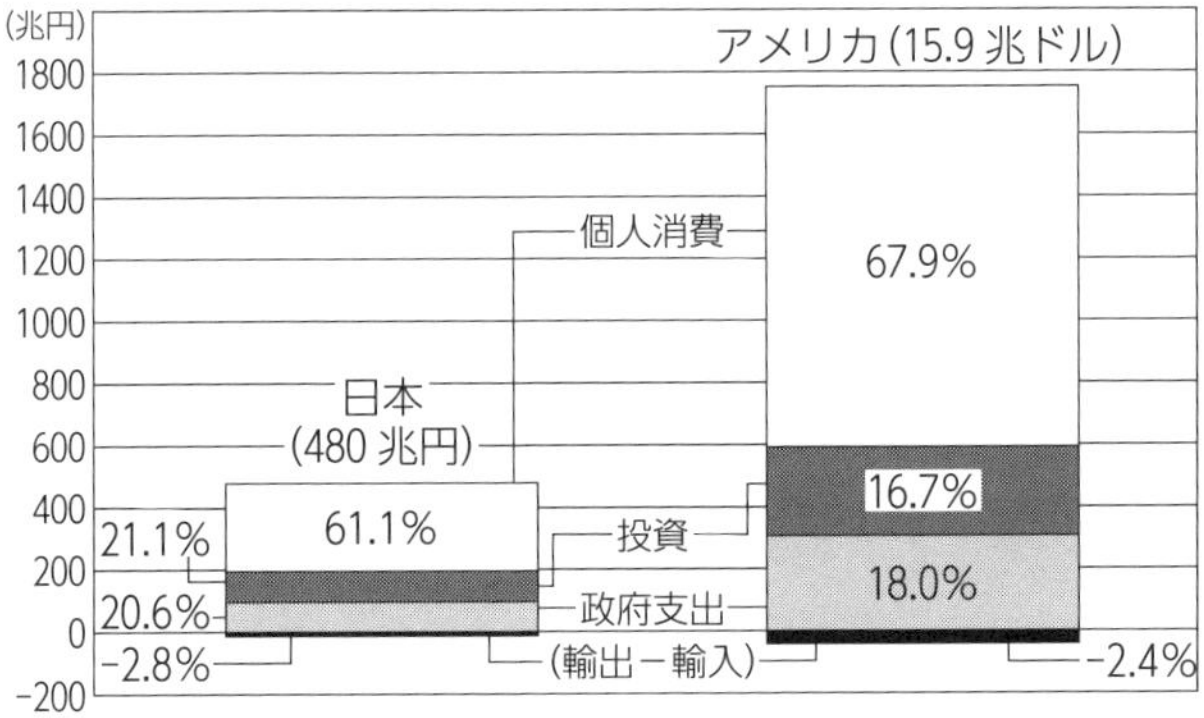

GDP 上位 3 か国の推移

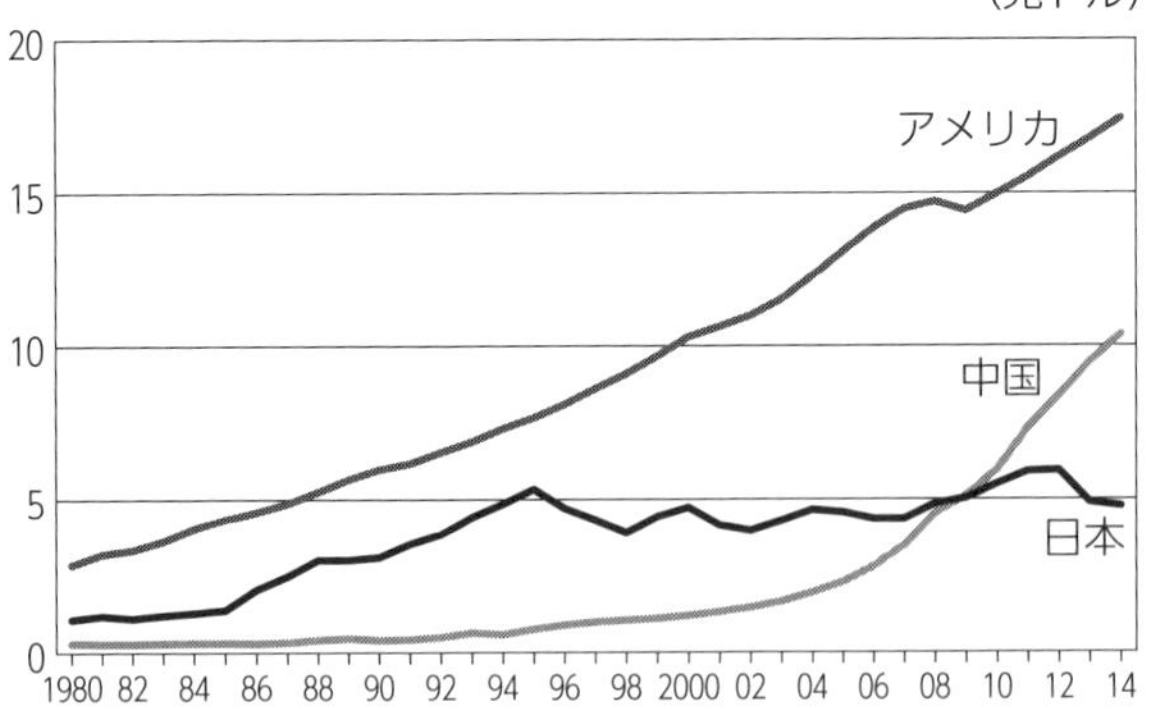

出所：上／日本＝「内閣府2013年度国民経済計算」、米国＝『2014年米国経済白書』。数値は暦年。
下／IMF「World Economic Outlook Databases」（2014年10月）Web サイト（当年の為替レートによる）

Chapter

I

世界経済危機はどうなったのか

1　経済危機はいかにして勃発したのか

■2007年の欧州金融危機

米国のみならず世界を恐怖のどん底に陥れた経済危機は、たしかに2008年9月15日、米国投資銀行4番手のリーマン・ブラザーズの倒産に始まることは衆目の一致するところですが、米国経済における景気の落ち込みは、2007年12月から始まったといっていいでしょう。当時、米国は共和党ブッシュ政権でしたが、10月から12月にかけての米GDP成長率は、0・6%と発表され、2008年になると米国景気は急激に落ち始めました。

連邦準備制度理事会（FRB）は、景気過熱を抑える策として04年半ば以降フェデラル・ファンド・レート[1]を連続して上昇させ、06年末には、5・25%の水準にまで上昇していました。米国経済は、ブッシュ政権の減税政策のもとで、03年以降住宅ブームが起こっていました。しかし、2006年住宅価格は頭打ちとなり、その金利上昇がサブプライムローン危機を誘発してしまったのです。

サブプライムローンとは、信用力の低い人のローンのことですが、信用力が低いということで、金利が高く設定されています。2～3年間の返済は、金額が低く設定されていますので問題は生じないのですが、その後返済額は急増します。住宅価格が上向きであれば、住宅を販売し借金を返済してもおつりがくるのですが、住宅価格が落ち始めている状況では、そうはいきません。住宅を販売して借金を返済することもできず、結局、債務不履行が続出し、貸し手の金融機関が貸し倒れを多くつくり

[1]　**フェデラル・ファンド・レート**とは、米国の預金金融機関（銀行）が、米国の中央銀行である連邦準備銀行（連銀）にある準備金を、そのほかの預金金融機関に翌日決済で貸し付ける金利（年利で表示される）で、これが高く設定されると米国全体の金利水準が高まり、GDP成長に抑制的になるといわれます。

倒産の連鎖が起こってしまったのです。これをサブプライムローン危機といいます。

07年8月に欧州の金融機関から危機は勃発します。その後ＦＲＢは、フェデラル・ファンド・レートの引き下げにかかるのですが、危機は収まりません。たまりかねたブッシュ政権は、12月6日大統領自らポールソン財務長官を伴って会見に臨み、借入から2～3年後に金利が高く設定されているサブプライムローンの貸し倒れを防ぐために、金利上昇を5年間凍結するなどの対策を発表します。また、金融危機の拡大を防ぐ目的で、米欧5つの中央銀行は、12月12日、各国の金融市場に大量の資金を協調して供給すると発表し、年末の急増する資金需要に対応する措置をとりました。さらに、翌08年1月22日になると、ＦＲＢは、世界同時株安からの金融市場の混乱を回避するとの目的から、フェデラル・ファンド・レートを3・5％とし、さらに30日には、3％の水準に引き下げます。

ブッシュ大統領は、２００８年1月28日、最後の一般教書演説で米国経済が「不確かな時期を迎えている」と警告、個人ならびに企業への大胆な減税を議会との協力によって実施したいと述べます。しかも、過去7年間に自分が実施してきた減税法は、そのうち消滅してしまうと懸念を表明し、1億６０００万人の米国納税者は、平均すると１８００ドルもの増税になってしまうとし、自分が実施してきた減税法の正当性を主張すると同時に恒久減税の必要を訴えたのでした。この減税法が、米国経済に貧富の格差を拡大し、世界経済危機勃発の潜在的要因となったこと、また、オバマ政権との間で「財政の崖」問題を引き起こす要因となったのですが、それについては、後に述べることにしましょう。

このブッシュ大統領の要請を受け、翌日1月29日、総額１５００億ドル、米国ＧＤＰの

※中央銀行と FRB

中央銀行とは、一国の金融の中心として、①紙幣（銀行券）の発行、②政府の銀行、③銀行の銀行…といった機能をもつ公共的金融機関である。

米国の場合は「連邦準備制度」（Federal Reserve System）が中央銀行の役割をになう。ワシントンにある連邦準備制度理事会（Federal Reserve Board = FRB）が全国に12行ある連邦準備銀行（Federal Reserve Banks = FRB）を統括するが、これらは各国と異なり私的企業団体でその株式は民間金融機関が所有する。理事会役員は形式的に大統領が任命するが、連邦議会による監査などは一切行われていない。

ほぼ1％にあたる大型景気対策法案「成長のための総合対策」が下院を通過し、2月中旬には実施されることとなります。約1000億ドルが個人向け減税、500億ドルが企業向け法人税減税という内容です。サブプライム住宅ローン危機に直撃されている低所得者や勤労者への現金支給を重視したといわれましたが、個人向けに最低300ドル、子ども2人の共働きの家庭へは、最高1800ドルの小切手が内国歳入庁（IRS）から送られたのです。

■リーマン・ショック

しかし、こうしたブッシュ政権の対策でもサブプライム金融危機は収まる気配を見せません。7月13日には、政府系住宅金融機関のファニーメイ（連邦住宅抵当金庫）とフレディマック（連邦住宅貸付抵当公社）が危機に陥ったとして、ブッシュ政権は、公的資金の注入を含む救済策を発表し、議会に関連法案の成立を要請したのです。

ファニーメイとは、1938年に設立された住宅ローン（モーゲージ）の買い取り機関で、買い取ったモーゲージをプールし、見返りにモーゲージ担保証券を発行し売りさばく機関なのです。フレディマックは、70年に設立された機関で、ファニーメイとともに、住宅ローンの証券化に欠かすことのできない金融機関というわけですが、住宅価格の下落が収まらず、不良債権の累積で、深刻な資本不足[2]に直面したのです。米上院では、2008年7月11日、政府の連邦住宅局（FHA）による最大3000億ドルまで認める住宅ローン救済策を成立させました。しかしそれでもサブプライムローン危機に始まる金融危機は、収まりを見せません。

※証券化
金融機関が土地、建物や債権などの所有権を証券として小口に分割し、金融商品として売りさばく手法。金融機関は、リスクを多数の証券購入者に押し付け、投資を回収し次の投資に回すことができ、際限ないマネーゲームが常態化していきます。

［2］ 金融機関のバランスシートは、**資産**と**負債・自己資本**から成り立ちますが、資産額が不良債権化で減少しますと自動的にその金額分自己資本が減少することになります。これが深刻になると金融機関は資本不足になります。資産額が自己資本額を超えて減少しますと、債務が資産額を上回り、資産を売り払っても債務を返済できない場合倒産ということになりますから、それを防ぐには、資本の注入が必要になります。

２００８年9月15日、ついに米投資銀行の4番手リーマン・ブラザーズの破産が起こります。このときアメリカン・インターナショナル・グループ（ＡＩＧ）という保険会社は連邦政府によって救済されたのですが、リーマン・ブラザーズには買い手がつかず破産という運命を辿ることになります。メリルリンチは、バンク・オブ・アメリカが救済合併し、モルガン・スタンレーは自らを商業銀行化し、業界第一位のゴールドマン・サックスもその後に続くという事態が発生します。投資銀行とは、銀行の名前がついていますが業務は証券業ですから、預金を集める金融機関ではありません。

これら投資銀行は、サブプライムローンをはじめこの時期の金融投機に大きな役割を果たし、投機の失敗から多額の不良債権を抱えていましたが、モルガン・スタンレー、ゴールドマン・サックスは、なぜこのとき、投資銀行から商業銀行化の道を選んだのでしょうか。実を言うとこのとき、ブッシュ政権は、国民に多額の負担を強いる公的資金導入によって、金融機関を救済する作戦を立てていたのですが、その救済対象は、預金受け入れ機関である商業銀行に限られていたのです。これら大手の投資銀行は、この金融危機の苦境を公的資金の導入によって切り抜けると考えたということなのです。危機が去れば、また投資銀行業に戻ればいいわけですから、評判の悪い投資銀行業から一時雲隠れしたというわけなのです。ですから、米国から証券業がなくなってしまうわけではもちろんありません。

■ブッシュ政権の公的資金投入策

ブッシュ政権は、公的資金を使って金融機関の不良債権を買い取ることを議会に提案します。「資本市場が機能しないと雇用は失われ、さらに多くの家が差し押さえられる。経済はマイナス成長に転じ、どんな政策を実施しても健全な形で回復できなくなる」とＦＲＢ議長のバーナンキはいいます。投資銀行業界の出身であるポールソン財務長官もまた、国民に危機をあおり「納税者は大きな危険に脅かされている。預貯金や融資、設備投資などに危険が迫っている」と述べました[3]。つまり、連邦政府が金融機関の不良債権を買い取って金融の安定化を実現しないと実体経済に悪い影響が出てくる。だから、7000億ドルの公的資金をつぎ込む「金融安定化法案」を早急に議会は成立させるべきであると、半ば脅しともとれる口調で説得にかかったのでした。

しかし、議会は簡単には納得しません。7000億ドル、日本円にして70兆円にも上る税金を何の条件も付けずに巨大金融機関へ投入することを選挙民が許すわけはないのです。いままで、ウォール街で荒稼ぎしてきた投資銀行の経営幹部などが、何年にもわたって何百万ドルもの規模の報酬を得てきたことは国民周知の事実なのです。こうした連中をなぜ公的資金を使ってまで救済しなければならないのかという疑問を多くの国民が持ったとしても不思議ではありません。しかも、「金融安定化法を通さないと大恐慌が来る」などというような脅し文句まで使ってこの法案を通そうとする自分勝手な巨大金融機関とつるんだ狡猾なブッシュ政権の態度に国民の怒りは収まりません。こうして、米下院は2008年9月29日、金融安定化法を23票の差で否決したのでした。

この日、ニューヨーク株式市場はダウ工業平均株価が777ドル安という大暴落を喫します。為替相場では、ドルが売り込まれ急激なドル安が引き起こされてしまったのです。まさにブッシュ政権と議会のせめぎあいは、「金融安定化法案」の修正を余儀なくしていきます。10月1日に上院を、3日に下院を通過した「緊急経済安定化法案」（金融救済法案）は、したがって、おおよそ次のような内容を含んだ結果となったのでした。

・最大7000億ドルの公的資金で金融機関から不良債権を買い取る。資産買い取り対象の金融機

[3]『朝日新聞』2008年9月25日付。

関の経営幹部の報酬を抑制する。

- 連邦預金保険公社（ＦＤＩＣ）による銀行預金の保証限度額を来年末まで現行の10万ドルから約25万ドルに引き上げる。
- 金融機関の損失拡大を食い止めるために、会計処理で時価会計の適用を一時凍結できる権限を証券取引委員会（ＳＥＣ）にあたえる。
- 所得税での児童控除の拡充や企業向けに税優遇措置約１０００億ドルの減税を行う―などでした。

つまり、まったく手放しで金融機関を救うのではなく、国民の目線からそれなりの規制を加えた救済策であったといえるでしょう。

しかしながら、政府が不良債権を買い取るとなると、その対象となる金融機関は経営危機に瀕していると自ら宣言しているようなものです。買い取る金額が多ければ多いほどその金融機関への信頼は落ちることが懸念されます。このためブッシュ政権は、不良資産買い取り作戦から、公的資本を金融機関の自己資本を増強するために注入するという方式に切り替えたのです。「緊急経済安定化法」に基づき７０００億ドル規模の「不良資産救済措置」（ＴＡＲＰ）が実行されることとなりました。

米財務省は、総額２５００億ドルの公的資本注入額を決定し、10月28日その半額に当たる１２５０億ドルを９つの大手金融機関に資本注入したのでした。シティー・グループ２５０億ドル、ＪＰモルガン・チェース２５０億ドル、ウェルズ・ファーゴ２５０億ドル、バンク・オブ・アメリカ１５０億ドル、ゴールドマン・サックス１００億ドル、モルガン・スタンレー１００億ドル、メリルリンチ１００億ドル、バンク・オブ・ニューヨーク・メロン30億ドル、ステート・ストリート20億ドル、あわせて１２５０億ドルとなります。

■大恐慌以来最悪

こうした巨大金融機関救済策は、どのような効果を持ったのでしょうか。

米国の経済は、レーガン政権以降金融の自由化が急速に展開し、金融を基軸とする景気循環を創り出してきました。株式市場が活性化し、住宅市場の好転とともに住宅ローンの証券化が進展し、証券売買が、実体経済を引っ張っていくという経済がブッシュ政権下で極限まで進んでしまったといっていいでしょう。そして金融危機が勃発したのです。公的資金を大量に投入した巨大金融機関救済策がいち早く実施され、確かに、米国金融機関の全面崩壊とはなりませんでした。しかし、今度は米国の実体経済が急速に落ち込み始めます。

2008年第2四半期（4〜6月）の米国の実質経済成長率はプラスでした。しかし、9月の金融危機の顕在化から金融機関の貸し渋りが顕著になります。これまで、米国の民間消費は、所得の上昇要因もありますが、それ以上に消費者ローンによって支えられてきたのです。住宅資産の価格上昇がホームエクイティー・ローン[4]の活発化をもたらし、株価の急騰も消費を活発にする要因だったのです。したがって、株価が下がり、住宅価格が下がり続けると米国の消費は急減することとなります。事実この2008年10月30日に発表された7〜9月期（第3四半期）の米国の実質経済成長率は、年率換算でマイナス0・3%となったのです[5]。個人消費でマイナス3・1%、企業の設備投資もマイナス1・0%となり、最も深刻な落ち込みとなったのは言うまでもなく住宅投資でマイナス19・1%となりました。しかも、この実質経済成長率の落ち込みは、2008年第4四半期で、マイナス7・9%となり、この落ち込みはオバマ政権期にも継続され2009年第1四半期マイナス5・8%、第2四半期マイナス0・2%であり、プラスに転じたのは、2009年第3四半期（7〜9月）になってからで、

---

［4］ ホームエクイティー・ローンとは、住宅の資産価値からローンの残高を差し引いたものを担保にローンを組み資金を入手することです。住宅価格が上昇しているときは、住宅の転売で収益を得、またホームエクイティー・ローンを組んで資金を調達して、消費に使うことができますが、住宅価格が落ち始めるとそうした形で消費を行うことはできなくなります。

［5］ この数値は、後に改訂されて、1.8%減となりました。

かろうじてプラス1・6％が記録されたのでした。

この経済危機は、言うまでもなく大恐慌以来最悪のものでした。「それは息もつかせぬほどの、民間セクターの急降下の瞬間だった。資本市場は崩壊した。企業に対する信用は、凍り付いた。銀行は倒産した。差し押さえはうなぎのぼりだった。国民産出は、何十年もみなかった率で落ち込んだ。多くの人々が職を失った[6]」と2011年の大統領経済諮問委員会は、指摘しました。

また、この危機は、米国のみならず世界的な広がりを持っていました。「08初秋、米国以外の世界への危機の影響は限定されたものとなるかもしれないとの希望があった。こうした希望は、月が進むにつれ粉々に粉砕された。08年第4四半期と09年第1四半期において、実質GDPは、イギリス、ドイツ、日本、台湾、そしてその他の地域において、しばしば2ケタ台の比率で落ち込んだ。落ち込みは驚くべき速さで世界のほかの地域に広がり、米国からの輸出を激しく減少させ、その結果、わが国の経済収縮をより一層大きくした[7]」と2010年の大統領経済諮問委員会報告は述べています。

2　ブッシュ政権とサブプライムローン危機

■危機を招いた減税政策

こうした米国における経済危機勃発の背景にブッシュ政権の経済政策があったことをだれしも否定はできません。既述のようにそれは、ブッシュ政権期に執拗に実行された減税政策なのです。この点

［6］『2011米国経済白書』エコノミスト臨時増刊、毎日新聞社、2011年5月23日号、42㌻。
［7］『2010米国経済白書』エコノミスト臨時増刊、毎日新聞社、2010年5月24日号、47㌻。

についてもう少し詳しく述べてみることにしましょう[8]。

２０００年11月に行われた大統領選挙は、史上まれにみる大接戦でしたが、共和党候補ジョージ・W・ブッシュが当選し、クリントン政権で副大統領を務めたアール・ゴアは残念ながら政権を引き継ぐことはできませんでした。かつて酒におぼれ自堕落な生活を送ったというブッシュ氏ですが、その後酒を一切たち、敬虔なクリスチャンとして、当時米国保守層の人気をさらったといわれました。

ブッシュ政権の直面した米国経済は、クリントン政権下で引き起こされたＩＴ革命に基づく好景気が減速気味に転換し始めた時でした。企業利潤率が下落し、企業の設備投資が低下し始めていたのです。ブッシュ政権は、早速、財政政策と金融政策による経済減速への対応を始めることになります。

共和党ブッシュ大統領は、かつてレーガン大統領がレーガノミクスとして展開した供給重視の経済学を採用します。それは、レーガンを引き継いだ彼の父、ブッシュ大統領時代の「小さな政府論」に基づく経済政策の採用だったのです。

> **※供給重視の経済学**
> サプライサイド経済学。1970年代に登場し、マネタリズムともに新自由主義の理論として世界政治に影響を与える。ケインズ的政策を非難し金科玉条のように減税と「小さな政府」を唱える。
> 企業の投資と利潤拡大こそが経済成長を実現するというトリクルダウン理論の源流。

クリントン政権には、政府の積極的な機能を認め、公的インフラ投資などによって、強力な米国経済をつくるという考えがありましたし、所得税に関しても、累進課税制度を導入し、株式市場の活性化からあがるキャピタル・ゲイン（株式売買益）に減税することなく課税し、２０００会計年度には史上最高の２３６４億ドルの連邦財政黒字を創りだしたのでした。

しかし、ブッシュ政権の政策は、まずは減税でした。しかも、減税に次ぐ減税でまともな財政政策

[8]　ブッシュ政権の経済政策については、拙著『日本の構造「改革」と TPP』新日本出版社、2011年、第３章を参照のこと。

はなかったといってよいでしょう。しかしなぜ減税だったのでしょうか。ブッシュ政権は、クリントン政権が創りだした空前の財政黒字を次のように批判しました。「財政黒字は、ＧＤＰ（国内総生産）に対してこの半世紀において最高の水準に達し、税に起因する長期的な経済成長への阻害要因となった」。つまり、公共セクターに金が集中し、民間からお金を吸い上げすぎだというのです。民間中心に成り立っている市場経済では、こうした事態は経済の拡大を阻害してしまうので、減税によって民間にお金を返そうというわけです。

２００１年１月に政権についたブッシュ大統領は、直ちにその「経済成長を目的とした減税」を提出したのです。ブッシュ政権は、２００１年から03年にかけて立て続けに３つの主要な減税法を立法化します。第一は、２００１年６月の「経済成長・税軽減調和法」、第二が２００２年３月の「雇用創出・労働者支援法」、第三が２００３年５月の「雇用・成長税軽減調和法」でした。さらに２００４年になるとこれらの法律の諸規定を拡大するために「勤労家族減税法」が成立します。

こうした減税法は、２０００年においてＩＴ革命後、リセッション（一時的な景気後退）に陥っていた米国経済を回復軌道に乗せるのに大いに役立ったと大統領経済諮問委員会は分析をしています。まず所得税における限界税率[9]の引き下げです。また、児童税額控除の拡大、配当やキャピタル・ゲインへの課税率も引き下げることで、税引き後の個人所得の大幅な増加が消費支出の増大をもたらしたとします。ブッシュ減税では、資本コストを削減して、企業投資への動機づけも与えたといわれます。投資金額の30％（２００２年減税法）や50％（２００３年減税法）を直接経費として認める割増償却を認めたからです。経費は、企業利潤から差し引かれますから、投資を積極的に行えば、その30％、50％が経費となり課税対象からはずされるという仕組みです。

［9］　**限界税率**とは、所得の上昇ごとに設定される税区分ごとに掛けられる税率のことで、税区分が上昇するごとにアップする。それに対し、所得全体に対して税がどのぐらいかけられているかを示す税率を平均税率あるいは**実効税率**という。

■減税は経済成長に効果なし

しかし、この減税は、経済成長には効果が大きかったとは言えないことが明らかとなります。05年大統領経済諮問委員会報告はいいます。

「過去二回の景気拡大は穏やかではあったが、先行するリセッションも軽微なものであった。従来のリセッションはより深刻であり、それに続く景気拡大はより急速であった。総じて二つの観察を合わせてみると、景気の拡大率が収縮率と関連している可能性がうかがえる[10]」。

つまり、景気は2000年第4四半期にピークになりその後落ち込んだのですがそれは軽微であり、だから現在の景気回復も穏やかなのだというわけです。事実、時がたつにつれ減税の景気拡大への効果は薄れていったのです。

金融政策では、FRBが2001年において積極的に緩和政策を実行しました。FRBは、連邦公開市場委員会（FOMC：Federal Open Market Committee）において、フェデラル・ファンド・レートの誘導目標値を切り下げ、2001年初めには6・5%だったものを8月までに3・5%へと7回にわたって引き下げをしました。この金利が下げられると市中の銀行の資金繰りが容易になりますので金融が緩和されたことになります。確かに、このフェデラル・ファンド・レートの引き下げによって、短期金利は下がり3か月のコマーシャル・ペーパー金利[11]、クレジットカード金利、個人貸付金利、1年物抵当貸付変動金利も低下し、長期金利も小さい幅ではありますが低下したのです。

しかしなぜ、こうしたブッシュ政権の景気対策にもかかわらず回復は緩やかだったのでしょうか。それは、ブッシュ減税によって、1980年代のレーガン政権以来の富裕層優遇税制による貧富の格差がいよいよ深刻な状況を示し始めたからだったといえるでしょう。レーガン政権期からブッシュ政

---

[10]　『2005米国経済白書』エコノミスト臨時増刊、毎日新聞社、2005年5月23日号、64ページ。

[11]　**コマーシャル・ペーパー金利**＝企業が直接金融市場から借り入れるために発行される短期・無担保の約束手形の金利のこと。

権が開始されるまでの所得格差について、議会予算局は次のような数値を明らかにしています。

＊最高所得を得る人口の1パーセントを占めるに過ぎない人々の平均年所得が、この時期を通じて2倍以上に増大している。1979年にそれは29万4300ドルだったが、2001年には、70万3100ドルに跳ね上がった。この数字は、2001年ドルで表示したインフレ調整済み数値であり、実に40万8800ドル、139％もの上昇となった。

＊それに対し、米国人口の中位の20％を占める家計の税引き後の平均所得は、この時期を通じて6300ドル、17％の上昇のみ、最貧困層の20％の税引き後の所得は、1100ドル、たった8％の上昇にすぎなかった。

■庶民の消費ぬきで経済成長の展望はない

この傾向に拍車をかけたのがブッシュ減税だったのです。税政策センターの調査によりますと、2004年の減税効果について、次のような所得階層別特徴が浮かび上がってきます。

＊家計所得の順位でちょうど中位の20％を占める中所得層は、平均で647ドルの減税となる。

＊同じく上位1パーセントを占める最高所得層は、平均するとほぼ3万5000ドルすなわち、中所得層の54倍の減税となる。

＊さらに、100万ドルを超えるいわゆる億万長者層は、平均で12万3600ドルの減税になり、彼らの所得は、税引き後の所得を6・4％、百分率で見てほぼ中所得層の3倍の上昇をもたらす。

減税政策によって企業へ投資インセンティブを与えることはたしかに事実でしょう。しかし、投資は、企業が将来的な需要の増加を期待するからこそ行われるものなのです。富が一部の層に集中し、多くの人々の所得があまり増加していないという状況では、国民の消費需要は上昇せず、企業は販売に将来的展望を持つことはできません。したがって、経済成長は緩やかなものとなりましたし、減税が雇用創出につながることには限界がありました。

このことは、２００４年大統領諮問委員会報告も認めざるを得ませんでした。

「実際に、過去数年間の雇用実績は、過去の景気循環におけるよりも明らかに弱かった。過去の平均的な景気回復においても、雇用の回復は緩慢であり、おそらく需要が持続的拡大にあると使用者が確信するまで雇い入れは引き延ばされたからであった。しかしながら、そのような鈍さは概して短命（1四半期〜2四半期）であり、後には旺盛な拡大が続いた。今回の景気循環においては対照的であり、雇用は実質ＧＤＰ上昇の後ほぼ2年たっても回復を始めなかった。今回の景気循環における雇用実績は、１９９０〜91年のいわゆる『雇用なき景気回復』よりも、もたついていた[12]」

この時点で雇用の数は、01年3月のピーク時を２００万人も下回っていたのです。

■**貧困の拡大と「サブプライムローン」**

しかも、ブッシュ政権の経済政策によって、貧困の拡大が、減税政策の下、景気回復過程で引き起こされてしまったのです。２００3年において、１３０万人の貧困人口が付け加わり、米国の貧困人

※個人消費が６割から７割
近年の日本の「国際競争論」などは国民を無視して輸出が成長の源泉であるかのように言いますが，GDPに占める個人消費の割合は米国では７割，日本でも約６割であり（P６参照）これこそが経済成長のかぎです。雇用や賃金を向上させ国民のふところを暖める政策が重要になります。

[12]『2004米国経済白書』エコノミスト臨時増刊、毎日新聞社、2014年５月17日号、51㌻。

口は、3590万人になったとセンサス局が発表しましたが、その後景気回復にもかかわらず貧困人口が縮減することとはならず、05年において、米国貧困人口は、3700万人となったのです。すなわち、景気回復過程において110万人も貧困人口が増加したことになります。

こうしたブッシュ政権下での富と貧困の格差が、本書冒頭で述べました、世界経済危機を引き起こしたサブプライムローン危機の基盤となっていたことはぜひともここで指摘しておかなければならないでしょう[13]。

既述のようにサブプライムローンとは、クレジットカードの支払いができずに延滞を繰り返すなど信用力の低い人や低所得者層を対象にした住宅ローンのことですが、それがなぜ世界経済危機を引き起こす基盤となったのでしょうか、クリントン政権末期からの米国の景気循環を振り返って検討してみることにしましょう。

1990年代後半米国においてIT革命を基軸とする景気高揚が訪れたことはすでに述べたとおりですが、この景気高揚に基づく株価急騰が2000年第4四半期のリセッション入りを境に異変が起こります。企業業績の悪化を粉飾決算によって逃れ、何とか自社の株価を維持させようとする姑息な企業経営者たちの悪あがきが、不正会計・粉飾決算事件として明るみに出て、2001年から02年にかけてダウジョーンズ工業株平均価格は、7000ドル台にまで暴落するのです。このとき米国経済を救ったのは、1990年代から好調を続けた住宅市場であり、住宅投資だったのです。

既述のように、ブッシュ政権下でFRBは、2001年以降金融緩和政策をとり続けました。株価が大暴落した時もより一層の金融緩和政策をとり懸命に証券市場のテコ入れを行ない、その復活にかけたのですが、その政策によって好調を続けることができたのは、米国の住宅市場でした。金利水準

[13]　この点詳細は、拙著『米国はいかにして世界経済を支配したか』青灯社、2008年、160〜162ページ。

の低さ、また株式市場の低落から、多くの人は、住宅投資を活発に行ったのです。住宅価格は上昇を続けましたし、低利の住宅ローンによって、住宅の買い替え、すなわち、リファイナンスが可能でした。なぜなら、住宅価格は上昇していましたから、以前住んだ住宅は高い価格で売れ、借金は返済し低利の住宅ローンに組み換え、さらに大きな物件を買うことが可能だったのです。

ところで、事態は２００３年ごろから変化し始めます。ブッシュ政権の執拗に展開された減税政策と金融緩和政策によって、２００３年中頃から緩慢ではありますが、米国経済は景気上昇局面へと入っていきます。ＦＲＢは、従来の金融緩和政策から金融引き締め政策へと舵を切ります。金利が上昇し始め、さしもの住宅価格も頭打ちの状況となっていきます。低利の住宅ローンでリファイナンスを繰り返す時代は過去のものとなったのです。こうして住宅市場は軟調の兆しを見せるのですが、貸付先に困った住宅金融会社などの金融機関は、リスクが高く従来見向きもしなかった、低所得者層へと貸付先を変更していくのです。既述のようにこうした低所得者層は、ブッシュ政権の富裕者優遇政策の下で増加の一途をたどっていたのです。

貸し付けられたサブプライムローンは、大手金融機関が買い取り、ローンを証券化し、傘下のサブプライム関連商品に投資する特定目的会社（ＳＩＶ）に販売します。サブプライムローン借入から2～3年間は、低利に設定されていますから焦げ付きは生じません。格付け会社は、大体が大手金融機関と結びついていますから、証券化された金融商品をトリプルＡ（ＡＡＡ）などと評価を行い、世界の投資機関へ大々的に販売を行うことができたというわけです。しかし、2～3年たてば、金利が上がり、低所得層は、自ら稼いだ所得によって返済することができません。住宅価格が上がっていれば売り払って、借金を返済してもおつりが来ましたが、住宅価格は、２００６年をピークに下落に転じていました。

２００７年に欧州の金融機関で問題が顕在化したのは、そういう理由だったというわけです。欧米の金融機関は、サブプライムローンを組み込んだモーゲージ担保証券に多額の投資を行なっていました。ですから、ローン返済の不履行から生じた金融危機は、世界的に波及したのです。

3　オバマ政権の誕生と危機対策

■オバマ新大統領の「復興法」

２００８年11月４日米国の大統領選挙では、米国史上初の黒人大統領が選出されました。「変革の時が来た」と訴えた民主党のバラク・オバマ上院議員（47歳）が52％の支持を得、与党・共和党のジョン・マケイン上院議員（72歳）を破り当選したのです。米国民は市場万能論の規制緩和や金融投機の横行から金融危機を引き起こし、米国経済を奈落の底に突き落とした共和党ブッシュ政権の経済政策を引き継ぐと公言してはばからない共和党マケイン候補を選ばず、若き黒人大統領を選出したのです。

当時、２００７年末から始まった景気の落ち込みが、深刻な金融危機リーマンショックを引き起こし、失業率は、６・５％に上昇、10代の失業率は、20・６％と深刻な事態の中での大統領選挙だったのです。オバマ大統領候補は、ブッシュ政権の大企業優遇・金持ち減税政策を批判し、金融の規制強化とともに、勤労者減税や子ども限定の皆保険制度の確立など米国民の生活重視の公約を掲げての当選だったのです。

バラク・オバマ大統領は、２００９年2月24日上下両院合同会議で政権樹立後の初めての施政方針演説を行います。彼は、米国民に新政権の政策を明らかにしたのですが、経済危機が進行中の米国ですから、当然ながら経済復興に大きな重点が置かれました。すでに、公約の景気対策法は、2月17日「米国復興及び再投資法」（ＡＲＲＡ：American Recovery and Reinvestment Act）として大統領の署名を得て成立しています。大統領は、議会で次のように述べました。

「この2年間で３５０万人の雇用を創出する。この雇用の90％以上が民間部門にかかわるものだ。道路や橋りょう、風力タービンやソーラーパネルの建設、ブロードバンドの敷設などによって雇用を拡大する」。

この法律は略称「復興法」（Recovery Act）といいますから米国経済史を紐解きますと、かつて大恐慌のさなかに政権についたフランクリン・ローズヴェルト大統領が署名し、実行に移した「全国産業復興法」（National Industrial Recovery Act）が思い出されます。当時の考えでは、財政均衡こそが景気回復の切り札とされましたから、このローズヴェルトの「復興法」は積極的な財政政策を推し進めるものではなく、独占禁止法を緩め、企業の産業組織化を奨励し、物価を上昇させる、今でいう「リフレ政策」につながる経済政策でした。

しかし、オバマ政権の景気対策は、積極的財政政策を基軸におくものですから、ローズヴェルトの「復興法」と名前は似ていますが、似て非なるものであるといってよいでしょう。

このオバマ政権の危機対策の切り札とも思われる「復興法」は、概略どのようなものだったのでしょうか。１００年に一度であるとか大恐慌以来最悪の経済危機といわれましたから、過去最大の景気対策といってよいでしょう。その総額７８７０億ドルは、当時の米国国内総生産は約13兆ドルでしたから、その約6％にもあたります。

対策全体のほぼ3分の1、約2880億ドルは、減税です。勤労者一人当たり最大400ドルの税還付や企業の設備投資を促進するための減税です。残りは、不況対策の支出で、失業保険の増額、低所得者向けの公的医療保険の拡充や教員の雇用維持などを目的とした州・地方財政への補助が行われます。また、公共事業関係は、対策全体の約4分の1、しかも、21世紀にふさわしい科学技術の振興、運輸システム、エネルギー・環境対策を中長期的に進めるという連邦政府主導の投資拡大作戦といえるでしょう。もちろん、オバマ政権の経済危機対策は、これにとどまりませんでした。想定規模が2兆ドルという不良債権対策などの金融安定計画、約2750億ドルの住宅ローン対策などです。このため、財政赤字は膨らむ一方となったのです。

これらオバマ政権の経済危機対策で最も即効性が発揮できたのは、金融危機対策であったといってよいでしょう。「緊急経済安定化法」に基づく「不良資産救済法」による膨大な公的資本の投入によってかろうじて危機を脱出した米国大手金融機関は、2009年中頃には、公的資金返済が認められ、最高経営責任（CEO）たちの報酬は、いち早く危機前の水準に戻ります。さらに実質経済成長も7月からの第3四半期には、プラス成長を示し始めます。証券市場の大幅な立ち直りによって、大金融機関は、金融危機前に比べてもより大きな収益を上げているという状況が起こっているからにほかなりません。

■積極政策と財政赤字

しかし、実体経済はどうでしょうか。

２００９年12月は、アメリカ人にとって、ショッピングの季節です。いつもなら11月の感謝祭が終わると街は、クリスマスに向けて華やいだ感じに様変わりするのですが、この年ばかりはそうはいきません。アメリカ人の財布のひもは固く、個人消費の急増は望むべくもないのです。金融的に不安を感じ、買い物の季節であるクリスマスが近づいてもクレジットカードでの支払いに頼る人は限られているからです。

政府の公式統計は米国経済のプラス成長を強調し、オバマ政権の経済政策担当者は、大恐慌以来１００年に一度だとかいわれた経済危機は、「大リセッション」として終了したと主張するのですが実感がわきません。なぜなら、経済が立ち直ったなどと言われても、多くの人々が未だ職を見つけることができずにいるからなのです。２００９年11月の失業率は、10月の10・２％と比べると、若干下がりましたが、それでも10％を切らないのです。

もちろんオバマ政権がそうした事態に手をこまねいて何もしなかったわけではありません。オバマ政権は、２月に成立した「復興法」にもとづく追加の雇用対策を発表します。

第一が、中小企業に援助の手を差し伸べ、投資拡大、雇用拡大を図ることでした。オバマ大統領は中小企業こそ、米国に過去15年間、新しい職の65％を創りだしてきた実績があると強調します。

第二が、道路、橋りょうなど、つまりインフラの建設です。これまでも、オバマ政権は、全米で１万件を超える新しいプロジェクトを「復興法」によって実施してきましたが、さらに輸送手段と通信ネットワークの近代化をめざすとしているのです。

さらに第三に、エネルギーの効率的消費とクリーンエネルギーの開発を通じて雇用創出を図ろうとオバマ大統領は国民に呼びかけます。そして、大リセッションによって経済的困難に陥り、援助を必要としている高齢者に手を差し伸べ、失業者への手当の延長など、直接的支援をこれまで以上に展開したいと述べます。

しかし問題は、その財源にありました。経済危機によって09会計年度（08年10月～09年9月）連邦財政は火の車、赤字額は、1兆4000億ドルに上りました。10会計年度（10年10月～11年9月）には、1兆3713億ドルになります。2013会計年度（12年10月～13年9月）にようやく7189億ドルのレベルになるという具合でした。リーマンショック後の景気対策は、膨大な連邦財政赤字を創りだしましたが、それにともなって、失業率の劇的低下を引き起こすことができず、ブッシュ政権時代を超えるより大きな貧富の格差を生み出してしまうことになりました。

オバマ政権の経済政策への失望感が、2010年11月中間選挙で、歳出削減を金科玉条のごとく主張する共和党〝ティーパーティー〟[14]の台頭を生み出し、これ以降、オバマ政権の苦難の道が始まることになるのでした。

4　オバマ政権の政策実行を阻む下院議会多数派共和党

■危機を乗り切ったオバマ

オバマ政権の危機対策が、100年に一度であるとか、1930年代大恐慌を超える経済危機であるなどといわれた深刻な経済状況を、なんとか「第2の大恐慌」とはならずに救済したことは認めなければならないでしょう。09年第3四半期に国内総生産（GDP）をプラスに転じさせ、2015年の

[14]　**ティーパーティー**＝その名は植民地時代のアメリカで英国の課税に反対して独立の契機となった運動に由来。世界経済危機以降、共和党内極右派として、富裕層を中心に草の根運動で勢力を拡大、徹底して減税、社会保障敵視、富裕層優遇、市場原理主義を主張し、良識ある社会政策を妨害。

今日まで実質成長率をプラスにもっていくことに成功してきたからです。オバマ政権の迅速な経済対策によって、２００８〜09年米国経済危機は、大恐慌以来最大の「大リセッション」（Great Recession）にとどまったのです。

しかし、失業者数は、２００９年1月に１１９８万４０００人を記録した後、増加を続け、年末には１５２１万２０００人となり、２０１０年中１５００万人近くから減少せず、11月に行われた中間選挙で米国民主党は惨敗し、上院はかろうじて過半数を維持したものの、下院では共和党が多数を占めるという議会における与野党間のねじれ現象がおこってしまいました。

２００1年、２００3年に制定されたブッシュ減税法は、２０１０年末に期限切れを迎えることになっていました。オバマ大統領の不運は、２０１０年11月の中間選挙で、野党共和党が下院で多数を占めてしまったことでした。米国の議会は、日本と異なって上院も下院も権限は同じです。したがって、両院で判断が異なる場合は、両院協議会で協議して決めなければなりません。

オバマ大統領は、富裕者優遇の一律所得減税法の2年の延長はどうしても防ぎたいという気持ちがありましたが、下院で多数を占める共和党が納得せず、２０１０年税軽減・失業保険再認可及び雇用創出法として付帯条項を付けて２０１０年12月に議会を通過させました。この法律は、不本意ながらも２００1年、２００3年ブッシュ減税を踏襲し、富裕層も含めすべての国民に減税を2年間延長しました。

さらに、２０１１年に限ってということで米国労働者に約１１２０億ドルに上ると推定される給与税減税2％も導入しました。この給与税というのは、米国労働者が年金のために給与から天引きされ年金基金に積み立てられるお金で65歳を過ぎると公的年金として支払われるものです。なぜか、米国

[15]　失業は、今の仕事に満足せず、その職をなげうって新しい職を探すために失業するような自発的失業と仕事をやめたくないのに会社の都合で首を切られる非自発的失業の二通りがあります。

では1935年社会保障法の下でできた年金基金積み立てのための天引きを「税」という表現をとるのです。

また、この法律は、失業保険の延長を継続させ、非自発的失業者[15]は2011年まで失業保険を受けることができるようにしました。失業保険に関しては、米共和党による労働者の働くインセンティブを殺ぐという理由から反対の意見もありましたが、オバマ政権の経済政策担当者はそうしたことは統計上実証されていないとして失業者の生活保護という観点から再延長を法律に導入しました。そして、この法律は、設備投資全額の損金算入を認め、11年に投資を行う企業へ強力なインセンティブを導入したのでした[16]。設備投資額全額が企業収益から損金として差し引かれ、法人税減税の意味を持ちますから、設備投資を活発にするだろうという理屈です。

■「財政の崖」[17]

オバマ政権の大規模な減税政策と財政支出政策は、連邦財政に一時的にでも膨大な赤字を創りだしたことは事実でした。GDP比10%に近い連邦財政赤字が、連邦財政赤字累積額を急増させたことは否定できません。

連邦財政赤字累積額の上限を決定するのは議会の権限になります。歴代の政権は、その上限に達すれば議会に要請し、議会が上限を引き上げるというのが慣例となっていました。あのレーガン大統領が連年大赤字を創りだした時でも議会は累積債務の上限引き上げを認めてきたのです。

2011年に連邦債務累積額は、14兆ドルを超え、議会による上限の引き上げ決定が必要でした。この時の上限は、14兆2900億ドルであり、5月には限界に達し、引き上げが必要になっていまし

[16]　詳細は、『2011米国経済白書』エコノミスト臨時増刊、毎日新聞社、2011年5月23日号、59〜60ページ。

[17]　「財政の崖」をめぐる諸問題については、拙稿「オバマ政権と自由裁量的財政政策の復権」中本悟・宮﨑礼二編『現代アメリカ経済分析——理念・歴史・政策——』日本評論社、2013年所収、第3章を参照のこと。

た。もし議会が認めなければ、米国債の債務不履行が発生し、金融危機を起こしかねない状況です。しかし、オバマ政権にとって不運であったのは、2010年11月の中間選挙で共和党が下院を制し、極端な「小さな政府論」を振りかざし、大幅一律減税と福祉予算をはじめ大幅なこれまた歳出削減を唱えるティーパーティー運動の支持を受けた議員がかなりの勢力を占めていることでした。彼らは、累積債務上限の大幅アップに難色を示し簡単にオバマ政権の要請に応えようとはしません。なるべく累積債務上限額を低く設定し、2012年11月の大統領選で再度上限引き上げ問題を引き起こし、再選を狙うオバマ大統領を批判し、大統領選を有利に運ぼうという考えが共和党の思惑だったのです。

結局2011年7月31日、米国議会において合意が成立し、連邦累積債務の上限は、2兆1000億ドル幅の引き上げということになったのです。けれども、この上限幅を決定する8月2日の議会は、予算統制法を通過させ、10年間で1兆2000億ドルの赤字削減の具体的な計画を年末まで議会の超党派委員会で決定することを決めたのでした。もしまとまらなかった場合、2013年1月2日をもって軍事・非軍事を問わず、裁量的経費をその年から22年まで年間1100億ドルずつ削減すると決めてしまったのでした。その時は、まさかまとまらないとは誰も思わなかったそうですが、民主・共和両党の財政支出に関する見解の相違はあまりに大きく、最終的には、裁量的支出の一律削減という「財政の崖」を形成する重要なファクターが発動されることとなってしまうのでした。しかも、2兆1000億ドルの上限幅の引き上げでは、2013年中に限界に達することはだれもが予想できることであり、2013年の財政支出をめぐるオバマ政権と議会共和党のバトルが再燃することが予想されたのでした

2009年2月に制定されたオバマ政権の経済危機対策の切り札である「米国復興及び再投資法」

は、基本的に2年で終了する危機対策であったといえるでしょう。もちろん、後に詳述しますが中長期的戦略もそこに含まれていたことは否定しませんが、2年経過した2011年には、大統領選もにらんで引き続く新たな経済戦略の実施が必要でした。

米国の大統領選挙は、時の経済状況が左右します。経済政策がうまくいき失業も基本的に解消しているという事態になれば、現職大統領または、それを引き継ぐ候補者が有利に選挙戦を進めることができるのです。レーガン大統領の1984年11月の再選がまさにそうでしたし、ニクソン大統領は、再選戦略として、1971年8月15日の金・ドル交換停止を含む新経済政策を発表したのでした。金・ドル交換停止は、戦後の国際通貨システムを大きく転換させるニクソンショックとして私たちには知られていますが、ニクソン大統領にとっては、1972年11月の大統領選挙で再選を勝ち取る戦略として、インフレを抑え失業率を改善する「賃金・所得統制政策」として意味を持ったのでした。これは見事うまくいき、1972年11月の大統領選挙でニクソンは地滑り的勝利を収めたのです。

失敗の例としては、またニクソンが絡むのですが、1960年大統領選挙で、共和党大統領アイゼンハワーが長引く経済停滞を払拭できず、共和党候補ニクソンに政権を引き渡すことができず、民主党J・F・ケネディに政権を譲り渡したことはこれまたよく知られた話なのです。

■挫折した富裕層・企業課税

オバマ大統領は、債務上限問題に一応決着をつけたのち、翌年2012年の大統領選を意識して、「復興法」に次ぐ効果的な財政主導の経済政策の展開に動き出したのでした。それが、オバマ大統領自身が上下両院合同会議で演説し成立を呼びかけた総額4470億ドルにのぼる「米国雇用対策法」

（American Jobs Act）でした。大統領が議会に出かけて演説するということはかなり力の入っていることの証拠です。なぜなら、普通大統領は、ホワイト・ハウスで執務し、モールに集まった多くの米国民に議事堂西側に設置された演壇から直接語り掛ける大統領就任式と就任演説を除けば、議会に出かけて演説を行うのは、国民に政権の基本方針を明らかにする、毎年1月の一般教書演説ぐらいのものだからです。

この法律によって主要雇用対策としてあげられたのが、2012年の雇用者家計への給与税の半減政策でした。既述のように年金のため勤労者は、給料から給与税を支払っています。これが給与の6・2％ですから半減されれば一般家計には平均すると年間1500ドルの負担軽減になるという計算になります。[18] 既述のように2011年には、10年12月に成立した減税法によって、2％幅の給与減税が実施されましたから、2012年には減税幅はさらに広がることになるでしょう。主な項目をあげれば、給与減税で1750億ドル、中小企業への給与税の負担も半減させ、新たに雇用した場合、追加雇用者分の給与税は全額免除の方針で650億ドルになりますが、この減税政策の一方で、オバマ政権は、公共事業の実施によって、雇用創出を試みようと考えます。学校の補修300億ドルに加え、道路・空港・鉄道の近代化で500億ドル、そして失業保険の延長と改善で490億ドルというのが主要な雇用対策でした。主として2012年に実施されることから、大統領選を控えての短期的な雇用対策であり、景気浮揚策であったといえるでしょう。

さらに、オバマ大統領は、2011年9月19日に、今度はホワイト・ハウスで演説し、今後10年間で3兆ドルを超える連邦財政赤字の削減策を提案しました。既述のように、その夏の連邦累積債務上限引き上げの合意時に、今後10年間で2兆1000億ドルの削減が決定され、その内0・9兆ドルの

[18]　アメリカ人の平均年収が、4万8400ドルとすると48400×0.031＝1500.4ドルになる。

削減はすでに法制化済みだったので、残りの1・2兆ドルの削減案を年末までに米国議会の超党派委員会でまとめることとなったのでしたが、それに加えてオバマ大統領は、税制改革に伴う増税、義務的経費の歳出削減、イラク戦争、アフガニスタン戦争の終結に伴う戦費の減少という3つの柱からなる削減案を提案したのでした。

ここで注目されるべきは、税制改革による増税であり、ブッシュ減税による富裕層の減税を2012年12月の期限切れに伴って廃止し、さらに富裕層や大儲けを続ける石油会社など特定の企業への税制優遇の廃止によって1・5兆ドルの増税を企てたのでした。

しかしながら、こうした税制を通じて貧富の格差を是正し、中間層を強化し、富裕層への増税を狙うオバマ政権のまともな税制改革や積極的な財政支出政策は、下院を制する共和党の反対でいずれも成立は困難となったのでした。裁量的財政政策をフルに活用した米国雇用対策法は、結局、2010年12月に成立した減税法における11年の2％給与税減税と失業保険給付の延長を2012年まで認めただけで終わってしまったのでした。

5「財政の崖」と議会共和党の危険な瀬戸際作戦を乗り越えて[19]

■オバマ再選後の困難

2012年は、大統領選挙の年でした。オバマ大統領は、その前年「米国雇用対策法」の成立に失敗し、野党共和党の税制と予算をめぐる熾烈なたたかいのなかで、共和党大統領候補ミット・ロムニ

[19]　「財政の崖」とそれを乗り越えて進む米国経済についての詳細は、拙稿「「財政の崖」を乗り越えて進む米国経済」『2014米国経済白書』蒼天社出版、2014年7月、ivページ以下を参照。

ーに終盤追い上げられながら辛くも逃げきり再選を果たします。

しかしながら、同時に行われた議会選挙では、米国議会は下院において依然として野党共和党が多数を占め、彼らは富裕層優遇のブッシュ減税の延長を主張し、中間層への手厚い保護または米国産業再生を図ろうとするオバマ政権とその年の12月、激しくぶつかり合って膠着状態を続けました。オバマ政権と議会共和党との折り合いがつかなければ、かねてから警告されてきた「財政の崖」（fiscal cliff）に米国経済が直面することが懸念されたのです。

この「財政の崖」とは、連邦準備制度理事会（FRB）議長のベン・バーナンキが2012年2月末の下院金融サービス委員会の席上、米国経済は、13年1月1日、減税法の失効と予算統制法による歳出自動削減措置が働き、それに対して適切な措置がとられなければ、増税と巨額な財政支出削減によって、急峻な財政の崖に遭遇する危険性を警告したことに始まるといわれます。

崖というよりは、なだらかなスロープや丘といった方がより適切ではないかという見解もありましたが、もしそうした事態が起これば、2012会計年度（2011年10月～2012年9月）から2013会計年度（2012年10月～2013年9月）にかけて、連邦税収は、19・63％増加し、支出は0・25％減少すると見積もられ、議会予算局（CBO）は、13年に失業増大を伴う軽微なリセッションに陥るだろうと予測したのです。「議会予算局（CBO）は、これらの政策が実行された場合、13年の第4四半期に実質GDP成長の約2・25％減少、あるいは実質GDP低下がもたらされると試算した」[20]と述べられています。

つまり、この崖とは、2010年税軽減・失業保険再認可及び雇用創出法の失効、さらに、11年8月に成立した予算統制法に基づく裁量的支出の自動的削減措置の発動という、増税と歳出削減の二重

[20]　同上『2014米国経済白書』、36ページ。

の発動によって陥るだろう米国経済のリセッションということになります。

■富裕層増税の税制改革

事態はどのように進んだのでしょうか。

再選を果たしたオバマ大統領には、ブッシュ減税をいやいやながら引き継いだ2010年税軽減・失業保険再認可及び雇用創出法をそのまま延長させることは是が非でも避けたい意地がありました。再選後議会共和党と激しいたたかいを展開しながら、結局、野党共和党を屈服させ、この減税法を止めにして、新たにオバマ政権が主張する「米国納税者救済法」(ATRA：American Taxpayer Relief Act of 2012)が13年1月2日に何とか成立したのです。

議会予算局の予測によれば、2013会計年度(2012年10月～13年9月)において、連邦税収は、8・1%の増加、支出は、1・15%の増加となりました。税収の増加は、年収40万ドル(夫婦で45万ドル)以上の納税者の限界所得税率とキャピタル・ゲイン税率の上昇、年収25万ドル(夫婦で30万ドル)以上の納税者の税額控除の一部廃止、そして、2%の給与減税の廃止によるものです。この措置は、2001年、03年のブッシュ減税を基本的には2年間延長した、10年の減税法をそのまま延長させようとする共和党の主張を退け、オバマ政権が政権発足以来主張してきた中間層強化・富裕層増税の税制改革を共和党と妥協しながらもようやく通した一つといえるでしょう。13年大統領経済諮問委員会は、だから次のように述べたのです。

「13年1月2日に制定された米国納税者救済法(ATRA)は、赤字を削減し、税制をより公正なものへ戻すためのオバマ政権によるアプローチの重要な構成要因である。ATRAが制定される前、議会予算局は、もし、２０１３年に実行されるようもともと計画されていた大規模な税収の上昇と歳出削減が、実際に引き起こされていたとすれば、これら緊縮措置は、ドル換算でいうと、ほぼＧＤＰの４％に相当するのだが、失業率を１％ポイント以上上昇させ、もう一つのリセッションへと米国経済を陥らせていたことだろう」[21]。

年収25万ドル以上の納税者への減税措置の廃止というオバマ政権の主張からすると、40万ドル以上での廃止というのはかなりの妥協といえるでしょう。けれども、富裕者優遇というブッシュ政権時代の税制に歯止めをかけ、バランスのとれた赤字削減アプローチにようやくたどり着いた観があるといえなくもないのです。といいますのは、彼らは次のようにも言っているからにほかなりません。

「ＡＴＲＡは、この大量の財政削減を避け、98％のアメリカ人と97％の中小企業へ、永続的な所得税減税を与えたのであり、一方でまた、富裕なアメリカ人に赤字削減へ少々の貢献をお願いした。ＡＴＲＡは、次の10年間で７００億ドル以上の赤字を削減し、所得水準の高い家計にかかる最高限界税率を90年代に普及していた水準にほぼ戻し、これら家計の資本所得へは、15％ではなく、20％の税を課すことになる。同時に中間層へは、より低い税率を永続的に固定し、勤労者家族が支払い、子どもたちを大学へ送り出すのを援助するための鍵となるオバマ大統領による税額控除を延長する。そのほかの企業投資や研究開発投資への税額控除も延長されたし、まだ職を探している２００万人のアメリカ人への失業保険も延長された。回復を妨げただろう一連の増税を回避し、また赤字削減を大幅に進め、ＡＴＲＡは、わが政権が追求を続けるバランスの取れたアプローチをあらわす積極的な第一歩だったのである」[22]。

[21]　『2013米国経済白書』エコノミスト臨時増刊、毎日新聞社、2013年６月17日号、46ページ。
[22]　同上『2013米国経済白書』、46〜47ページ。

■共和党の策略で連邦政府の一部閉鎖

この法律によって、確かに減税法の期限切れは防ぐことができたのですが、予算統制法の発動による裁量的財政支出の自動的削減措置は、その執行を2か月間延期されたにとどまり、連邦累積債務の上限も引き上げられることとはなりませんでした。富裕者減税の打ち切りに態度を硬化させた下院議会共和党が予算決議をサボタージュするという事態を引き起こし、2013年3月1日から財政支出一律削減が実施されることとなってしまいました。したがって、2013年は米国経済にとって、財政支出の面で「大きな崖」に遭遇したことになったのです。

多くの連邦機関が公務員を一時解雇しました。2013年第2四半期に年率で6億ドル、第3四半期には年率で55億ドルの連邦政府の人件費を減額します（年率でなければ合計で15億ドル）議会予算局（CBO）は、財政の一律削減が75万人の雇用喪失と13年の4四半期の間に0・6%ポイント成長を低下させると予測したのです。累積債務上限問題においてもオバマ政権との妥協を拒否する下院議会共和党が政権を追い詰める危険な瀬戸際戦術を2013年において展開しました。2012年12月31日にすでに米連邦債務累積額はその上限に達しており、財務省は2月中旬までの「特例措置」でそれをしのぎましたが、2月末に5月18日まで債務上限を停止する法案を議会が可決、したがって、5月19日には財務省は再び「特例措置」でしのぎますが、それも10月17日には使い果たされるだろうと発表されます。

そうした危険な瀬戸際作戦と同時に、野党共和党は、予算においても嫌がらせを展開し、2014年の予算執行が始まる10月1日になっても、継続予算決議がなされず10月1日から一段と不確実な事態が生じることになります。

結果として連邦政府は一部閉鎖に追い込まれ、約85万人の連邦職員が一時帰休させられるという深刻な事態が発生します。政府機関の閉鎖回避のための継続予算決議と債務上限の延長に関して合意に達したのは、ようやくギリギリ10月16日ということでした。次の日には、連邦政府は通常業務に戻りましたが、経済分析局（ＢＥＡ）は、政府機関閉鎖が第４四半期のＧＤＰを年率で０・３％ポイント引き下げた直接的要因であると分析しました。

２０１４年は、前年吹き荒れた「財政上の逆風」が消滅し、着実な経済成長を望むことができるとオバマ政権は楽観的に事態を見ていました。といいますのは、債務上限問題は、２０１４年継続歳出法（Cntinuing Appropriation Act of 2014）によって14年1月15日まで政府資金の調達を認め、14年2月7日まで債務上限を延期したのですが、その後、15年3月までそれを再び延長したからにほかなりません。また、２０１３年12月中旬において、議会は、２０１４会計年度と２０１５会計年度における裁量的財政支出の一律削減に対する部分的な緩和を行い、さらに、翌1月には、これらの支出水準と整合的な２０１４会計年度歳出法案に合意したからなのです[23]。

[23] 『2014米国経済白書』蒼天社出版、36～37ページ。

Chapter

II

『中間層重視の経済学』とは何か

1　オバマ政権の経済政策の基本理念
――ローズヴェルト政権とケネディ政権の経済政策にどう学んだか

■経済危機と新自由主義

オバマ政権の経済政策――オバマ大統領は『中間層重視の経済学』（middle-class economics）と命名――の基本理念は、彼らの言う「賢明な政府論」に集約することができるでしょう。その意味では、レーガン政権以降米国の経済政策を支配してきた新自由主義的経済政策との決別が基本理念といっていいでしょう。だからこそ、オバマ政権の経済政策に対して、議会共和党はほぼいやがらせとも言いうる妨害を今日まで繰り返してきたことになります。

もちろん、危機に際して国家が様々な介入を行うことは、新自由主義的経済政策においても当然ありうることです。たとえば、２００１年9月11日同時多発テロに際してブッシュ政権がとった様々な経済政策は、国家の経済への明確な介入でした。9月11日の悲劇が起きた時、ブッシュ大統領は、フロリダ州を遊説中でした。同州サラソタで、事件の報告を受けたブッシュ大統領は次のように述べます。

「国家的な悲劇が起きた。わが国に対する明らかなテロ攻撃だ。副大統領、ニューヨーク市長、FBI長官と協議し、連邦政府の全機関をあげて犠牲者とその家族を救済し、最大級の捜査を通じて犯人を検挙するよう命じた」。

また、財政政策でブッシュ大統領がとった措置は、「米国同時テロ復旧・対策2001年緊急補正予算法」でしたが、400億ドルの財源を使ってテロ攻撃の犠牲者を支援し、その他の被害に対処したのでした。ブッシュ大統領はまた「航空運輸安全・システム安定化法」に署名し、新しい保安環境や経済環境に対して航空運輸システムがよりよく対応できるように必要な手段を講じたのでした。[24]

さらに既述のようにリーマン・ブラザーズが破綻し、世界経済危機が現実のものとなると、ブッシュ大統領は、9月15日以降の金融危機の広がりに対して10月3日、「2008年緊急経済安定化法」を成立させ、金融機関への資本注入と不良債権買い入れをおこなうため7000億ドル規模の「不良資産救済措置」(TARP)を定めていきます。

しかし、こうした措置は緊急の措置であり、危機が過ぎ去れば直ちに終了させられる措置なのです。かつて、主流派経済学者のひとりロバート・バローが言った言葉が印象的です。

「経済危機に際して国家が介入措置をとるのは、ケインズ主義者だろうが、マネタリストだろうが、はたまた新古典派経済学の立場にいる経済学者だろうが当然のことなのだ」。

違いがどこにあるかといえば、主流派経済学の立場に立つ人たちは、危機が去れば国家の介入は直ちに中止され、市場メカニズムに任せる自由放任政策に戻るということにあるのです。

したがって、レーガン政権以降の経済政策において、「裁量的財政政策は忌み嫌われてきた」というニュー・ケインジアンであるグレゴリー・マンキュ

ケインズ主義＝有効需要創出など国家による経済介入を推進する考え方。
ニューケインジアン＝新ケインズ派経済学者
マネタリスト＝貨幣数量説を信奉する経済学者
新古典派経済学(135ページ、注81参照)
主流派経済学＝近年アメリカ政財界、学界に影響力をもつ新自由主義派経済学

[24] 詳細は、拙著『日本の構造「改革」とTPP』新日本出版社、2011年、159ページを参照のこと。

ーの指摘は、なるほどと思わせるものを含んでいるといえるでしょう。彼は、ブッシュ政権下の2004年に大統領経済諮問委員会報告を作成する責任者の立場にありましたが、次のように言っているからです。

「自由裁量的財政政策の行使は経済の循環的変動を抑えるための税や政府支出の意図的な変化であり、経済活動の変化に伴って自動的に発生する変化に対置され、過去数十年間の間、多くの経済学者に嫌われてきた[25]」と。

新自由主義的経済政策を実施する政策担当者のめざす政府は「小さな政府」であり、裁量的財政政策によって経済をコントロールするなどという考えは、まさに邪道だったということが言えるからです。だから、彼らの経済政策の主たるものは、租税政策であり、減税政策を所得の大きさに関わらず、すべて一律に実施する「水平的公平」を狙ったものでした。

1981年に成立したレーガン政権は、供給重視の経済学（16ページコラム参照）を振りかざし、ケインズ的財政政策をなげうって、すべての国民階層へ一律の減税政策による経済再生計画を実施したことはよく知られています。

2001年から8年間大統領職にあったジョージ・W・ブッシュもこの政策を踏襲し、減税政策一辺倒の経済政策を実施したのでした。しかも、この「小さな政府論」が結果としていずれも連邦財政に大きな赤字を創りだしてしまい、それを背負わされ、連邦財政赤字の削減を実行するのが「大きな政府論」ではありませんが、政府機能を積極的に認める民主党政権であったというのは何とも皮肉な話ではありませんか。クリントン政権、そして現在のオバマ政権がそれにほかなりません。

以下では、オバマ政権の「賢明な政府論」を財政政策という観点から見てみることとしましょう。

[25]『2004米国経済白書』、47ページ。

■小さな政府ではなく「賢明な政府」

この「賢明な政府」という意味を一言で言えば、米国にイノベーションを起こし、民間投資の活発化を引き起こすための技能と教育への投資を、財政政策を通じて作り出し、21世紀米国の経済成長を揺るぎないものにしようとする連邦政府ということになるでしょう。したがって、オバマ政権は、共和党ティーパーティー派のような性急な財政支出削減政策と減税による「小さな政府」をめざす政策は愚かなものだと考えます。

「はっきりしていることは」と彼らは言います。「長期の財政問題に取り組む正しい方法は性急な緊縮財政によるのではなく、赤字をもたらす基礎的要因に時間をかけて確実に手を付ける政策によるべきだということである。大幅な支出削減と増税は失業者が多くて能力の多くが稼働していない経済では全く誤った処方箋である。こうした状況で、財政刺激が所得と雇用を増やすまさにその時に財政規律に取り組むと、時期を誤り逆効果になる。短期の緊縮財政は、連邦準備制度がもはや名目金利をゼロに拘束されずに済み、したがって、収縮的なマクロ経済的影響に対抗する手段を持つ時にやっと許容される[26]」

したがって、オバマ政権は、性急な財政赤字削減策はとりません。彼らは、バランスの取れた赤字削減アプローチが必要だというのです。このアプローチによれば、米国の最も困難な状況にある市民に必要な分野や、米国の成長と競争力強化に必要な分野の財政支出は、削減してはならないとします。

したがって、「メディケア、メディケイドは強化され、わが国の高齢者、低所得者、ハンディキャップのある諸個人の医療は保障される。ソーシャル・セキュリティは、年金世代に信頼できる確かな所得源泉を引き続き受ける。軍事は国内外で米国の利益に奉仕するための財源を引き続き受ける。退役

[26]『2010米国経済白書』、146ページ。

軍人は、必要とする支援を引き続き受ける。教育、インフラ整備事業、イノベーションへの投資は引き続き優先事項となる。その他多くの削減プランは、こうした分野には及ばない[27]」としたのです。

すでに2009年2月26日の『予算教書』は言っております。ブッシュ政権の最もひどかったことは、政府の役割を軽んじるあまり、公的資金による未来への投資を怠ってきたことだと。そして、オバマ政権の担当者たちは、グローバルな情報化時代にふさわしいインフラの建設、さらには物理、数学、工学の研究への連邦政府による資金の投入を主張したのです。

■世界大恐慌の教訓

これらの政策は、1930年代大恐慌時の教訓から得たものともいえるかもしれません。

ローズヴェルト政権は、ニューディール政策を実行した大統領として有名ですが、このニューディール政策は当初から財政政策の積極的展開を実施したわけではありません。そもそもこのニューディールという言葉は、新規まき直しという意味で、1932年6月その年11月の大統領選に臨むローズヴェルトの民主党シカゴ大会における大統領候補者指名受諾演説において使用されたものにすぎませんでしたし、財政政策の積極化を試み始めたのは、1935年初めの予算教書の発表によってだったといわれているのです。長期的観点に立って、資本活動が不活発なときには、財政支出政策によってその不活発さを補正するという補正的財政政策の採用が必要となったからでした。この財政政策への転換によって、米国経済は急速に回復を示し、1937年には、大恐慌前の水準に工業生産高を回帰させることに成功するのです。

経済回復が達成されたとみたローズヴェルト政権は、しかし、連邦支出の削減を行い、その後、鋭

[27]　『2012米国経済白書』エコノミスト臨時増刊、毎日新聞社、2012年5月21日号、96～97ページ。

さの点では1929年大恐慌を上回る1937年恐慌を引き起こしてしまうのでした。たしかに、工業生産高は、1929年水準に回復したのですが、設備投資が1929年の水準にははるかに及ばなかったのです[28]。しかも、金融政策でもFRBが加盟銀行の必要準備率を2倍にする急速な引き締めに転じましたし、前年における退役軍人特別報償は打ち切られ、1935年社会保障法によって成立した年金制度によって、ソーシャルセキュリティ税[29]が初めて導入されたのでした。

この早すぎた引き締め政策の結果は、散々なものでした。実質GDPは、38年に3%減少し、失業率は、14%から19%に急増し、景気は完全に腰折れ状況となったのです[30]。

したがって、ここから学んだオバマ政権の経済政策担当者たちは、2009年の「復興法」に次いで2011年に「米国雇用対策法」を実行しようとしたのです。しかしながら、このオバマ政権の積極的財政政策に基づく景気対策法は、下院で多数を占める共和党議員たちに成立を阻まれたのは既述の通りです。

■累積債務の限界

ところで、オバマ政権は、中長期的に連邦財政赤字問題をどのように考えているのでしょうか。いうまでもなく、長期にわたって財政赤字が増大を続けることは、国民経済に深刻な影響を与えます。巨額な赤字と政府債務がGDP成長率をはるかに超える規模で増大しますとコントロール不可能な状況に陥る危険性が発生します。なぜなら、国家債務が投資家の合理的な金利水準で保有しても構わないとするレベルを超えて進んでしまいますと投資家から政府債務を保有しようとする意欲を剥奪してしまうからにほかなりません。こうなると、債券価格の暴落と共に長期金利の急騰が起こるでしょ

[28] こうした点については、拙著『アメリカ経済政策史』有斐閣、1996年、17〜18㌻を参照のこと。

[29] ソーシャルセキュリティ税＝65歳になると公的年金を受給できるが、その基金となる税のこと。給与税（payroll tax）ともいわれる。

[30] 前掲『2012米国経済白書』146㌻。

う。設備投資は落ち込み経済は混乱に陥ってしまうことになります。としますと、持続可能な赤字削減戦略にとって決定的に重要なのは、投資家が合理的な金利で保有してもよいとする水準に、財政政策によって累積債務GDP比を安定させることなのです。

中長期的に累積債務GDP比は、単年度の赤字GDP比を名目GDP成長率で割った値になります。たとえば、年間赤字がGDP比1％で名目GDP成長率が5％としますと、累積債務GDP比は、20％で安定するということですし、したがって、赤字GDP比が4％、名目GDP成長率も4％だとすれば、累積債務GDP比は、100％で安定するということになります。

例

$$\frac{\dfrac{\text{単年度赤字}}{\text{GDP}} \dfrac{1}{100} = 1\%}{\text{経済成長率} \quad = 5\%} = 20\%$$

米国の近況

$$\frac{\dfrac{\text{単年度赤字 0.5 兆ドル}}{\text{GDP 15 兆ドル}} = 3\%}{\text{経済成長率} \quad = 4.5\%} = 66\%$$

経済成長がないとどうなるか？

$$\frac{\dfrac{\text{単年度赤字 0.5 兆ドル}}{\text{GDP 15 兆ドル}} = 3\%}{2\%\text{（物価上昇のみ）}} = 150\%$$

一気に上昇！

したがって、オバマ政権は、中期目標を基礎的財政収支の均衡、つまり、債務利払いを除いた財政収支の均衡に求めます。それを達成するには、利払い費を含めて、赤字GDP比約3％を維持すれば可能だといいます。実質GDP成長率が約2・5％として、インフレ率が年2％とすれば、名目GDP成長率は長期で年率4・5％になるでしょう。としますと、前述の計算式によりますと、3％を4・5％で割りますから約66％に落ち着くはずです[31]。

こうした目標をオバマ政権の経済政策担当者たちは、次のように結論付けたのでした。

「約3分の2という債務GDP比は、歴史的国際的経験の範囲内に十分ある。それはわが政権が引き継いだ軌道に比較してかなりの財政規律を意味する。債務GDP比を増やし続けるのではなく安定させるのは至上命令であり、危機後の水準付近で安定させればかなりの利益がある[32]」と。

---

[31]　**国の債務の返済**……一般に誤解されがちなのは、国の借金は完済することを考えなくともよいということです。債務は存在しつづけても安定していれば、国債は借り換えが可能なので対応できます。ただし大幅な増加がある場合、または経済成長が止まると、問題が生じます（上の表参照）。

[32]　『2010米国経済白書』145ページ。

もちろん、米国の累積債務GDP比を減少させるには、分子の債務額それ自体の削減にも取り組まなければなりません。オバマ大統領は、2010年2月に、予算現金払い原則制定法（Statutory Pay-As-You-Go Act）に署名しましたが、この法律によりますと、財政支出プログラムは、必ず財源となる収入の裏付けを必要とすると定められたのです。この原則は、「小さな政府」をめざすブッシュ政権では全く省みられることのなく打ち捨てられていた原則だったのですが、それを10年ぶりに復活させたのでした。

さらに、2010年3月には、ケア適正化法（Affordable Care Act）がようやく成立しました。この法律は、直接的には医療保険制度の拡充を目的とするものですが、同時に増加の一途をたどる医療費に歯止めをかけるものと期待され、事実、2014年の大統領経済諮問委員会報告では、世界経済危機後、米国における医療費の伸びが鈍化し、それはただリセッションによる鈍化だけではない要因が働いていることが論じられています[33]。

さらにまた、2013年3月から始まり、10月には連邦機関の一時閉鎖という、米国経済を吹き荒れた「財政上の逆風」が、こと財政支出に関しては絶妙な効果を発揮し、2013会計年度では、連邦財政赤字の対GDP比は、4・15％に減少したことが注目を浴びています。いうまでもなく、2009会計年度の財政赤字対GDP比は、10％を超えるレベルに達したのですが、その後4年間で、5・7％ポイントも低下し、それは第2次世界大戦終結後の動員解除以来の落ち幅であったことが指摘されています。

「大統領の政策の下、赤字の対GDP比をさらに0・4％ポイント引き下げて、3・7％にしながら、2014会計年度にはフィスカル・ドラッグは大幅に緩和される見通しとなっている[34]」と大統領

[33]　『2014米国経済白書』、第4章を参照のこと。
[34]　同上『2014米国経済白書』38㌻。

経済諮問委員会報告は指摘しています。

■オバマ税制改革と「バフェット・ルール」

ところで、すでに述べましたように、2013年1月2日、オバマ大統領によって署名された「2012年米国納税者救済法」の成立は、オバマ政権のめざす税制改革の第一歩を示すものといってよいでしょう。富裕層へのブッシュ減税を廃止したということは、極めて限定的ではありますが、所得税徴収における累進課税制復活における歴史的第一歩といえるでしょう。

そのほかこの法律は、学費の援助、失業保険の延長など、米国中間層の生活支援を意味するものでした。もちろん、オバマ政権の中間層強化の政策はこれで終わったわけではありません。オバマ政権の税制の理想像は、公正、簡素、効率という3つの原則を貫くことで、雇用を創出し、経済を成長させ、公平な社会を築くというものです。その基軸に座るのがいわゆる「バフェット・ルール」なのです。

バフェット・ルールとは、年収100万ドル[35]を超える高額所得者は、実効税率を少なくとも30％以上にし、そうした人たちは、減税や補助金を受けるべきではなく、一方、人口の98％を占める年収25万ドル以下のアメリカ人には、増税すべきではないという税制上のルールのことを言います。

実効税率とは、限界税率と異なって、納税者の全収入に対する税率のことを言うのですが、事の始まりは、世界的な大富豪ウォーレン・バフェット氏が、彼の秘書たちの実効税率が30％程度なのに自分の実効税率が17・4％程度であるのに驚き、それはおかしいと言い始めたことによるといわれます。オバマ大統領がそのアイディアを拝借し、大統領の施政方針を国民に述べる一般教書演説で披露

[35] 1ドル＝100円の為替レートで計算すると日本円で1億円となる。

されたものですが、2012年3月31日、このルールを早急に法制化すべきであると議会に要請しました。2013年の大統領経済諮問委員会報告においても、バフェット・ルールの実行を呼びかけていますからオバマ政権の税制改革の基本は、所得の高さに準じた応能負担[36]の原則であり、新自由主義者の主張する税負担の水平的公平に対して、垂直的公平の重要性を主張しているといえるでしょう。

米国における税制の歴史的流れを概観しますと、中間所得層の実効税率は、1960年代から70年代にかけては上昇気味でしたが、その後安定的に20％程度で今日までに至っています。ところが、所得上位0・1％の高額所得層の実効税率は、80年代から急速に低下し始め、ブッシュ減税によって30％を切るところまで行ったのです。2013年1月2日に成立した「2012年米国納税者救済法」の制定によって初めてそれが30％以上に上昇することになったのです。もちろん、1960年には彼らの実効税率は50％だったのですから、ようやく戦後の富裕者優遇の税制に歯止めがかかったにすぎないとも言えます。

■多国籍企業対策

オバマ政権の税制改革プランは、バフェット・ルールだけではありません。2013年大統領経済諮問委員会報告では、高額所得者に特別存在する所得控除や税額控除のような税制上の優遇措置が連邦収入を減少させていることを重く見て、これらを少なくとも中所得層レベルの水準まで低くすることを提案しています。

また、米国内の雇用創出を課題とする彼らは、国内より外国において雇用を創出する米国多国籍企業への課税強化を考えるのです。現在の税制では、米国企業が海外で所得を得た場合、米国に所得を持

[36] **応能負担**＝国民（納税者）は、その支払い能力に応じて納税すべきであるという租税原則。累進的な所得税と資産課税、法人税などの組み合わせによる直接税中心の体系がもっとも望ましい。20世紀終盤から高額所得者の所得税や資産税、法人税の引き下げが進んだ各国や、日本のように消費税の増税があった国では、応能負担原則が失われ、格差の拡大と国民経済の悪化が見られる。

ち帰るまで納税が猶予されますから、米国企業には所得を持ち帰らずそれを税率の低い国あるいは、タックス・ヘイブンへ移動させるインセンティブが働きます。こうした事態が、米国多国籍企業が国内で投資せず海外で投資する行動を助長することとなっているのです。したがって、オバマ政権は、企業に米国で投資させ、米国に雇用を創出させるには、国際法人税制度の強化を目指し、海外で営業する米国企業の支社に対し、海外で取得した所得に対して、最小限度の新税（a minimum tax）を課すことを考えるのです。

こうしてみてくるとオバマ政権の財政政策は、減税一本やりの租税政策オンリーの前ブッシュ政権とは全く違うことがわかります。

しかし、こうした政策も、立法化されなければ意味がありません。つまり、議会の協力を得て法律となって初めて実行されることになるのです。２０１４年11月中間選挙後の現在、上下両院共和党が多数を占める状況ですから多くの政策が立法化し実行されるということにはなりません。既述のように２００９年2月に制定された「米国復興及び再投資法」は、新政権の１００日間ということもあってすんなりと立法化されたのですが、その後を継ぎ、オバマ政権の本格的な財政政策による効果が期待され、２０１１年9月に提起された「米国雇用対策法」は、既述のようにほぼ実現はしませんでした。また、富裕層増税の決定版「バフェット・ルール」は、２０１２年3月31日、ルールを早急に法制化すべきだと議会に要請されましたが、共和党が多数を握る下院で可決されることはなく、逆に共和党は、3月29日の下院本会議で、法人税・所得税の最高税率を25％に引き下げ、福祉分野の歳出を削減することを含む彼らが提案した２０１３会計予算案を賛成多数で可決してしまったのです。将来的に共和党は、高齢者・障がい者向けのメディケアの民営化も視野に入れているということですから、

[37] Walter W. Heller, *New Dimensions of Political Economy*, Harvard University Press, Cambridge, Massachusetts, 1967, p.2 より。

オバマ政権の経済政策は実現が困難な状況にあるといえます。

■だれのための経済成長なのかを明らかに

しかしそうした状況にありながらも、オバマ政権は、彼らの経済政策の実行をあきらめたわけではありません。なぜなら、危機後5年たち残された課題に取り組む大統領の計画として、次の3つのプランを提起したからにほかなりません。第一が、経済の潜在能力を完全に回復させることを継続する、第二が、経済の潜在能力を拡大する、そして第三が、経済的機会を促進するプランなのです。

このプランは、かつてケネディ政権誕生（1961年）において、大統領経済諮問委員会委員長に就任し、彼らの経済政策を「新経済学の創造などというよりはむしろジョーン・メイナード・ケインズが30年前に砲撃の火ぶたを切って開始されたケインズ革命の完成である[37]」としたウォルター・ヘラーによるケネディ政権の経済政策の現代版といえるでしょう。

ウォルター・ヘラーは、次のように言って、彼らの政策と前政権だったアイゼンハワー大統領の下での経済政策を批判したのです。

第一が、景気政策に関わるものでした。ヘラーは、従来の政策においては、経済の巨大な潜在成長能力をいかに実現するかではなく、単に景気循環の波動の大きさをいかに小さくするかに重点が置かれたと批判します。

第二には、従来の経済政策には、「雇用法[38]」で明確に決められた雇用の数量的目標や生産高の目標を決定する標準的手段にかけており、第三に、戦後のインフレ諸力が消滅していたにもかかわらず、インフレへの継続的な恐怖が1950年代末の緊縮的な経済政策を続けさせていたというのです。「完全

[38]　「雇用法」とは、ニューディール体制の影響のもとに1946年に成立した法律であり、政府が雇用確保について責任があり、大統領は、米国民に米国経済の現状と政策について明らかにする義務があることを明確化した。この法律の下で、経済政策について大統領に助言する諮問機関として、3名の専門の経済学者からなる大統領経済諮問委員会が設置され、毎年、大統領経済諮問委員会報告が行われている。

雇用財政均衡」という概念の下に積極的財政金融政策を実施し、1960年代前半米国経済に着実な経済成長をもたらしたことはよく知られた歴史的事実です。[39]

オバマ政権の経済政策担当者たちがこの考えを踏襲したのは明らかですが、ヘラーが立案した経済政策は、有効需要を喚起し、現実のGNPを潜在GNPに近づけるという短期的政策にとどまっていました。

彼らの潜在GNPの算出方法は単純なもので、1955年中頃の現実のGNP成長率3・25%から3・5%の数値を傾向として採用します。1955年は、失業率は4%以下であり、現実のGNPと潜在GNPが等しい基準年としてふさわしいものだったからなのです。潜在GNP成長率を算定するにあたって経済諮問委員会は、潜在労働力成長率、労働生産性の年上昇率、そして年間の労働時間の短縮傾向などを計算に入れて算出しました。1962年大統領経済諮問委員会報告において、彼らは1955年中頃以降、現実のGNP成長率が潜在GNP成長率よりかなり低くなっていることを問題とします。1961年において、現実のGNP成長の潜在GNP成長に対する遅れはほぼ400億ドルであって、もし61年において完全雇用が実現されていたならば、この数値の財・サービスは生産されていただろうと予測しました。[40]

オバマ政権の経済政策担当者は、これを、短期のみならず、中長期的な潜在GDP拡大戦略を大胆に提起し、しかも、ケネディ政権期では明確ではなかった、だれのための経済成長なのかを明らかにした点に革新的な現代化を感じることができるでしょう。つまり、オバマ政権は、米国経済が直面する第三の主要な課題として、経済的機会を促進することをあげ、「すべてのアメリカ人に、彼らの潜在能力を完全に実現し、彼らが創出し促進する繁栄に加われる機会をもたせることを確実にする必要が

[39] 「完全雇用財政均衡論」に基づく経済政策の基本戦略についての詳細は、*Economic Report of the President*, U.S.G.P.O., Washington, D.C.1962 を参照のこと。

[40] 同上、p.51.

ある」[41]と述べます。なぜなら、米国は技術変化、グローバリゼーション、社会規範の変化などを経験し、とりわけ、インフレ調整済みの最低賃金が崩壊し、労働組合組織率の低下によって所得格差の大きな拡大をもたらしてきたからなのです。

大統領は、この問題に取り組み、経済へより積極的に公正と機会を取り戻すため、多くの重要な措置を提案してきたのですが、直近のもっとも直接的な手段は、最低賃金を上げることなのです。なぜなら、「それは、インフレ調整済みで、1960年代のピークから3分の1以上も低下してきたのであり、現在、その価値は、ロナルド・レーガン大統領がその職に就いた81年よりも少なくなっているのである」[42]ということだからなのです。

2 オバマ政権による経済政策の実施 ――復興法と復興法以後の雇用政策はどのように実施されたのか――

■「復興法」具体化の方向

「2009年米国復興及び再投資法」は、どのようなプロセスを経て立法化されたのでしょうか。ブッシュ政権が、リーマン・ブラザーズ倒産の危機に際してとった金融機関救済措置については、すでに述べましたが、2008年11月に次期大統領になることが決定したバラク・オバマとそのもとに結成された移行チームは、12月ただちに「米国復興及び再投資法」の総論と各論を発表します。この法案は、オバマ大統領就任間もない2009年1月26日、米国議会下院に提出され、下院と上院を直ち

[41] 前掲『2014米国経済白書』31ページ。
[42] 同上訳書、33ページ。

に通過することになります。2月13日まで、議会両院協議会で合意され、2月17日、オバマ大統領は法案に署名し、「2009年米国復興及び再投資法」は成立したのです。

当初、経済危機の影響の予測は、楽観的でした。2008年12月に行われたブルーチップ予測値でも、2009年第1四半期の実質GDP減少率は、マイナス2・4%でしたし、予測専門家調査予測値では、マイナス1・1%にすぎませんでした。しかし現実は、マイナス5・4%という大変な減少を記録したのです。2008年初めに提唱された財政拡大政策は、限定的なものでしたが、かつての財務長官ローレンス・サマーズは、2008年11月19日にワシントンD・Cで開催されたウォール・ストリート・ジャーナル紙最高経営責任者諮問会議の講演では、経済危機の深刻さを察知し、「即座に」「十分な」かつ「持続的な」財政政策の実施が必要なことを言明します。2009年2月17日に成立した「復興法」は、この原則に従って立案、実行されることとなったといってよいでしょう。

かつて次期大統領の経済政策が就任後6か月以上たっても成立しなかったことがありましたが、大恐慌以来最悪の経済危機のさなかにあって、この「復興法」は、即実行されるべきものでした。また、経済危機が広範囲であることを考えると、「復興法」による事業には、十分な金額をつぎ込む必要がありましたし、一時的に終了させるのではなく、持続的に事業を進める必要もあったといえましょう。

「復興法」は、次の目的に具体化されて実行されることとなりました。第一が、雇用を維持・創出し経済回復を促す、第二にリセッションの影響を受けた人すべてに支援する、第三に科学と医療の技術進歩を進め、経済効率を高めるのに必要な投資を行う、第四が運輸、環境保護などに投資して長期的経済利益をもたらす、第五に、州・地方政府の財政を安定させ、必要なサービスの削減や非効率的な州・地方政府の増税を最小化または回避する、というものです。

「復興法」の規模は、成立時の議会予算局（ＣＢＯ）の試算では、７８７０億ドルで、リセッションの規模が大きくなるにつれ金額は膨らみ、２０１４年時点では、２０１９年まで総額８３２０億ドルによる財政支援ということになっています。成立時の費用予測によれば、減税（２１２０億ドル）、メディケイドや失業手当などの義務的支出の拡大（２９６０億ドル）、個人への支援からインフラ、教育、職業訓練、医療ＩＴへの投資などの裁量的支出（２７９０億ドル）にほぼ均等に配分したのでした。また「復興法」関連の支出の時期では、２０１３年９月30日までに８０４６億ドルを支出したのですが、２００９年と10年に支出時期が集中し、合わせて、５６６３億ドル、全体の70・４％が支出されています。

■雇用創出と住宅支援

もちろん、オバマ政権の政策は、「復興法」の実施で終わったわけではありません。復興法以後の財政的経済支援は、第１表に記載されている通りですが、主な支援措置をあげれば、「２０１０年税軽減・失業保険再認可及び雇用創出法」、また、「２０１２年中間層税軽減及び雇用創出法」、そして、「２０１２年米国納税者救済法」ということになるでしょう。これらの経済支援を全部合わせると２００９年から19年にかけて、７０９０億ドルの規模になると議会予算局は見積もっているのです。

大統領が提案した経済政策において実現しなかった代表的な例は、既述のように、２０１１年９月に提起された「米国雇用対策法」であり、もしこれが議会を通過していれば、インフラから教育職、中小企業大幅減税に至るまであらゆるものへの追加投資、４４７０億ドルが支出されるはずだったのです。

第１表　復興法以後の財政的経済支援

	10億ドル	
	2009～12年	2009～19年
2009年成立		
労働者、持ち家、企業支援法（HR3548）	35	24
2009年補正予算（HR2346）（ポンコツ車で現金）	3	3
2010年国防予算法（HR3326）（失業保険、総合包括財政調整法）	18	18
2010年成立		
2010年臨時延長法（HR4691）	9	9
雇用促進法（HR2847）	13	15
2010年延長継続法（HR4851）	16	16
2010年失業補償法（HR4213）	33	34
連邦航空局安全向上法（HR1586）（教育職、連邦医療費負担率拡張）	26	12
中小企業雇用法（HR5297）	68	10
税軽減・失業保険再認可及び雇用創出法（HR4853）	309	237
2011年成立		
臨時給与減税継続法（HR3765）	28	29
退役軍人雇用促進法（HR674）	0	0
2012年成立		
2012年中間層税軽減及び雇用創出法（HR3630）	98	123
2012年米国納税者救済法（HR8）	17	178
合　　計	674	709

注：すべてCBOの2009～19年見込額を使用。通例の租税措置延長は見込額から除外。12年までのデータは同暦年末までのもの、19年までのデータは同会計年度末までのものを含む。
出所：『米国経済白書2014』蒼天社出版、2014年、76ページ。

もちろん、オバマ政権の経済政策は、財政支援だけではありません。復興法以外のオバマ政権の経済危機政策対応をあげればまず、住宅です。サブプライムローン危機が住宅投資に関わっていたことを考えれば当然のことですが、そこでの最も重要な政策は、住宅所有者支援制度（ＭＨＡ：Making Home Affordable Program）でした。この制度は、住宅所有者が差し押さえられるのを防ぐ手立てを考えましたし、特に住宅ローン再融資プログラムによって、住宅価格の下落によって担保価値が融資残高を下回る担保割れやその危険にある住宅所有者に低利借り換えの機会を提供したのです。また、政府は、消費者金融保護局を創設して、住宅購入者に対して安全住宅ローン基準を定めたのでした。

第二が自動車です。オバマ政権は、自動車産業の崩壊が米国経済に与える大きな影響を考え、救済に乗り出します。とりわけ、クライスラー社とゼネラル・モーターズ（GM）社に対して、両社の包括的な改革を前提に連邦政府が株式購入による資金援助を行いましたが、自動車産業の立ち直りとともに、13年12月には、財務省は保有するGM株をすべて売却しました。

第三は、金融業です。金融危機が開始早々、ブッシュ政権が救済に乗り出し、一時は国民の暴利をむさぼる金融業に対しての反発から法案の成立が危ぶまれましたが、「不良資産救済措置」（TARP）が成立し、実施されたことは既述の通りです。大恐慌以来の深刻な金融危機を伴う経済危機だったことは明らかですが、政府による膨大な金額による救済措置によって、金融業の立ち直りが最も早く、失業の長期化や産業の停滞に対して著しい対照を示しました。

オバマ政権は、したがって、単に金融機関を救済するだけではなく、米国金融の構造的な問題にもメスをいれなければならないと考え、２０１０年には「ドッド・フランク・ウォール・ストリート改革及び消費者保護法」を成立させ、証券化が急速に進んだ米国金融業のトータルな規制を目指します。金融機関の健全性を示すストレステストの導入や金融派生商品市場の透明性の向上などが試みられますが、なんといっても、オバマ大統領の肝いりで導入された、預金保険に加盟している金融機関とその子会社が、その自己資本によって投機的な業務を行うことを禁じた「ヴォルカー・ルール」が、今後いかに働くかが金融投機化を防げるか否かの鍵となりそうです。

かつて、大恐慌下において、投資銀行と商業銀行を構造的に分離するグラス＝スティーガル法が、第二次世界大戦後の金融安定化に大きな役割を果たしたことは歴史的事実ですが、この「ヴォルカー・ルール」は、投資銀行と商業銀行の業務上の機能的分離を前提に組み立てられているにすぎず、「グラム＝リーチ＝ブライリー法」による金融持ち株会社による商業銀行、投資銀行など米国金融業の包括的支配は依然として禁止されてはおらず、証券業における投機的活動それ自体の抑制に働くことには多くの疑問が残されております。

■雇用とＧＤＰを押し上げる

オバマ政権による復興法やそれに次ぐ様々な財政出動は、マクロ経済的にどのような効果を持ったのでしょうか。財政政策の短期的な効果は、財政介入のタイプ別（政府支出と個人所得減税）の乗数計算がおこなわれ、復興法やそれに次ぐ財政出動のマクロ経済的効果を試算するのです[43]。財政支出乗数は、政府支出１ドルの増加当たりのＧＤＰの変化であり、租税乗数は、減税１ドル当たりのＧＤＰの変化を言いますが、減税の場合、貯蓄に回される部分がありますから、財政支出に比較し、効果は小さいというのが定説になります[44]。大統領経済諮問委員会（ＣＥＡ）の試算では、復興法は、２０１２年までに約６００万の年雇用（a job-year）を維持・創出し、２０１０会計年度と２０１１会計年度途中までで、ＧＤＰを２～２・５％押し上げたと推計しました。年雇用１とは、年間フルタイムでの１人の雇用をいいます。また、復興法に引き続き実施された財政政策の効果の試算を付け加えると、それがなかった場合に比べてＧＤＰを3年間で年間2％以上増やし、12年までに約９００万の年雇用を創出・維持したと推計しています。

もちろん、復興法とそれに続く財政出動は、以上のような雇用維持・創出や経済回復の促進のみならず、危機の影響をもろにかぶった人たちへの援助の意味も持ちました。まず、

[43]　算出方法の詳細については、前掲『2014米国経済白書』第３章付録２「財政乗数―理論と実証」を参照。

[44]　Y を GDP、C を個人消費、I を投資、G を政府支出とし、対外経済関係を無視すると、$Y=C+I+G$ が成り立ちますが、限界消費性向を c としますと、$C=cY$ ですから、$Y=cY+I+G$ となり、整理すると、$Y=\left(1/_{1-c}\right)(I+G)$ となりますから、財政支出増加 (ΔG) の GDP への効果 (ΔY) は、$\Delta Y=\left(1/_{1-c}\right)\Delta G$ と表すことができます。一方、租税 (T) をモデルに組み込みますと、$Y=c(Y-T)+I+G$ となり、整理すると、$Y=\left(1/_{1-c}\right)(-cT+I+G)$ となりますから、減税 $(-\Delta T)$ の GDP への効果は、$\Delta Y=\left(c/_{1-c}\right)(-\Delta T)$ となり、租税乗数 $\left(c/_{1-c}\right)$ は、財政乗数 $\left(1/_{1-c}\right)$ より小さいということになります。

家計への減税です。復興法の所得支援と減税によるものですが、最も影響が大きかったのが、2009年と2010年に発効した就労促進税額控除（Making Work Pay tax credit）でした。この減税がなかったならば、実質個人総可処分所得は、3540億ドル少なかったでしょうし、また2011年と2012年には、さらに大規模な給与税減税にとってかわったのです。

第二が、失業保険です。従来、共和党政権は、失業保険の充実は労働者を怠けさせ就業促進に役立たないとする見解をとってきましたが、オバマ政権は、失業給付は、所得支持と家庭の貧困阻止にとどまらず、労働市場にも効果を発揮するとして、充実させる姿勢をとっています。失業給付は、人々に自分の技能にあった仕事を探す時間を与えることで、労働生産性にプラスに働くし、長期失業者が労働力から撤退することを防ぎ、最終的に就労機会が与えられれば、経済の長期潜在力の維持に効果があるとします。

米国の失業保険は、連邦政府と州が共同で資金を賄い、州が運営し、26週間の給付が一般的ですが、オバマ政権は連邦政府の負担を増額し、給付期間の延長と1週間当たりの給付を25ドル増額しました。

第三は、弱者保護です。低所得者税額控除の拡大、補足的栄養支援プログラム（SAP：Supplemental Nutrition Assistance Program）の拡張や貧困家庭臨時援助（TANF：Temporary Assistance to Needy Families）を通じての緊急給付などになります。大恐慌以来の深刻な経済危機において、貧困率は、これらの反貧困政策の実施により、2007年から10年にかけて0・5%だけの上昇でしたし、これらの政策が実施されなければ、貧困率は、この9倍、4・5%も上昇しただろうとする研究結果が発表されています[45]。

[45] Wimer, Christopher, et al., "Trends in Poverty with an Anchored Supplemental Poverty Measure", *Working Paper* 1-25, Columbia Population Research Center, New York, 2013.

第2表　復興法長期成長投資

	(10億ドル) 推定費用(2009～19年) a)
資本	
交通輸送建設	30.0
環境浄化・保護.	28.0
建物建設	23.9
治安・国防	8.9
経済開発	14.6
備考：企業税制刺激	11.7
労働	
ペル奨学金	17.3
特殊教育	12.2
恵まれない子供たちへの支援	13.0
その他人的資本	10.3
技術	
科学技術	18.3
クリーン・エネルギー	78.5
医療、医療IT	32.0
ブロードバンド	6.9
その他	6.7
公共投資合計 b)	300.6

注：a）推定費用は2019年第3四半期までの予算と税制が対象。
　　b）四捨五入のため合計は合計額と一致しないことがある。合計額に企業税制刺激は含まれない。
出所：『米国経済白書2014』蒼天社出版、2014年、93ページ。

■「イノベーション」投資で長期成長も

従来、ケインズ政策は、短期的な不況対策であり、たとえば、用もない穴を掘る仕事でも経済的には効果があるというような議論がなされたことがありました。１９６１年ケネディ政権誕生と共に「ケインズ革命の完成」と銘打ち、完全雇用財均衡論を打ち出した、ウォルター・ヘラーたちの経済政策も、財政金融の有効需要政策によって、現実のＧＮＰを潜在ＧＮＰの水準に近づけるという短期の経済政策だったのです。

しかし、オバマ政権は、基本的には短期の政策効果を期待した「復興法」においても、長期成長効果を視野に入れて政策を実行していきます。復興法による、長期成長投資の金額は、第2表に示されている通りですが、推定費用も含めて、２００９年から２０１９年第３四半期まで、３００６億ドルが計上されています。

その第一は、物的資本の維持と投資拡大です。２０１０年秋に提案され12月に議会を通過した、史上最大の一時的な企業投資刺激策である企業投資の全面経費化であり、交通輸送などへの公共投資になります。金融システム危機の時期には、企業は金融市場から十分な資金を調達し投資することは困難ですから、税制面から民間投資を支えるのが企業投資の全面費用化ですし、交通輸送の基盤投資は、中間層の仕事を創出し、家計の負担となる交通費を引き下げる効果があると財務省の報告は指摘しています。

第二は、人的資本の保護と投資拡大であり、復興法による雇用の維持と創出が失業期間の長期化を防ぎ人的資本の保護にとって重要な政策でしたが、とりわけ、教育への投資拡大と改革が重要となります。いうまでもなく、教育は、州政府と地方政府の仕事になりますが、経済危機の深化は、税収不足を引き起こし、放置すれば教育予算の大幅削減によって教育職の削減は避けられない状況でした。しかし、復興法による州財政安定化基金は多くの州で初等中等教育の予算を回復させましたし、公立大学の授業料の値上げの回避と上げ幅の極小化を実現させたことが指摘されています。またペル奨学金の拡充も果たしました。

第三は、技術とイノベーションへの投資です。イノベーションは、経済全体に最大の収益をもたらしますが、それを企業任せにしないというのがオバマ政権の考えなのです。なぜなら、企業は、自分の利益になるイノベーションには真剣に取り組むでしょうが、他の産業や他企業を利するような研究には、積極的な投資はしないからなのです。

とりわけ、クリーンエネルギーは、環境と国家安全保障上大きな利益となりますが、個別企業にとり報酬として十分ペイするものではありません。そこで連邦政府が登場するのです。復興法では、第2表に見られるように、イノベーション投資ではクリーンエネルギーが最も大きな比重を占めています。この投資は、雇用の創出、外国産原油への依存の削減による国家安全保障の向上、気候変動対策による環境改善を後押しすることになります。太陽光、風力、廃棄物、木材、地熱の先端再生エネルギー発電は、米国において急成長を記録しており、２０００年の時間当たり５００億キロワットから12年には、その3倍以上の水準、時間当たり１９００億キロワットに上昇しているのです。

イノベーション投資の第二の分野は、医療になります。復興法の一部として定められた「経済的及び臨床的健全性のための医療情報技術法」（ＨＩＴＥＣＨ：Health Information Technology for Economic and Clinic Health）は、医療ＩＴの促進法であり、電子カルテの普及・奨励の役割を果たし、患者の関連する情報の直接完全利用によって、医療協力を劇的に前進させ、不必要な治療・検査・手続きの回避によって医療費を削減させる可能性を持っているのです。

そして第三が、ブロードバンド接続の増加と全米への普及です。復興法は、短期的な措置ですが、商務省全国電気通信及び情報局を通じて、ブロードバンド設備を充実させ、公共コンピュータ施設を援助したのです。これは、米国経済の中長期的潜在成長力の拡大の基盤をなすとオバマ政権は考え、米国生産性成長の基軸に掲げているものなのです。

3　潜在成長能力を増大させ、いかにして持続的経済成長をはかるのか

■労働生産性の解明

基本的には短期的な需要創出政策であった復興法とそれに続く財政積極政策については、以上の通りですが、既述のように、オバマ政権には、ケネディ政権にはなかった、中長期的な潜在成長能力の

拡大という戦略があります。短期の需要重視の政策に対して、中長期成長戦略は、供給サイドの戦略ということが言えるでしょう。

いうまでもなく、生産性成長とは、労働生産性の成長のことを意味します。たとえば、1870年アイオワ州で、1時間の労働で推計0・64ブッシェルのトウモロコシを生産していた農場労働者が、2013年には、60ブッシェル以上のトウモロコシを生産するに至ったことを意味します。つまり、アイオワ州のトウモロコシ生産の労働生産性は、143年間にわたって毎年3・2%上昇させた結果、今日では、かつての90倍の労働生産性の上昇をもたらしたということです。したがって、この生産性上昇の計測値は、一般的には、労働生産性の推移を見ることによって明らかにします。

労働が価値を創りだすわけですから、労働生産性の上昇が、産出、賃金、所得の成長に形を変えていきます。労働生産性は、複数の要因によって上昇すると考えられますが、経済学では一般に、①労働者一人当たりの資本（資本の有機的構成ということがあります）の増加、②より経験を積み、教育訓練を受けて生じる労働スキルの向上、そして、③発明、技術改良、生産工程の改善などの技術進歩の3つの要因が働いて、労働生産性が向上すると考えます。労働生産性の成長率は、産出の成長率から、労働投入（労働時間）の成長率を差し引いたものになり、それは、1時間当たりの産出の成長率となります[46]。産出の成長率が労働投入の成長率を上回りませんと労働生産性の上昇はありませんし、逆に下回れば、マイナス成長となってしまいます。

それに対して、技術進歩をあらわす全要素生産性（TFP）の成長率は、産出の成長率から、生産への投入物の成長率からのみ生じると考えられる産出の成長率を差し引いたものとなります[47]。

---

[46] **労働生産性**は、産出を Y、労働時間を H とすれば、Y/H ですから、**労働生産性成長率** $\Delta(Y/H)/(Y/H)$ は、$(\Delta Y/Y)-(\Delta H/H)$ で表すことができます。

[47] コブ＝ダグラス型の生産関数を用いて説明すると $Y=AL^{\alpha}K^{1-\alpha}$ ここで Y は実質産出、A は全要素生産性、L は労働投入、K は資本投入としますと、実質産出の成長率は、$\Delta Y/Y=\Delta A/A+\alpha(\Delta L/L)+(1-\alpha)(\Delta K/K)$ となりますから、生産への投入物を労働力と資本のみと考えると全要素生産性の成長率は、$\Delta A/A=\Delta Y/Y-\alpha(\Delta L/L)-(1-\alpha)(\Delta K/K)$ になります。

産出の成長率が高く、労働投入の成長率や資本投入の成長率から生じると考えられる産出の成長率が低ければ、技術進歩から生じると考えられる全要素生産性の成長率はそれだけ高くなるということを意味します。

大統領経済諮問委員会は、全要素生産性に代理して、労働統計局（ＢＬＳ）によって作成された多要素生産性（ＭＦＰ：multi factor productivity）を使用します。労働生産性に関して、ＢＬＳは、計測値を発表していますが、米国の労働者は、１９４８年に比べて２０１２年には、１時間当たり4倍以上の産出を生み出せるという結果を公表しています。労働生産性の成長率は、多要素生産性（ＭＦＰ）成長率、（労働力構成の変化によって計測されるような）労働の質が変化する寄与率、１労働者あたりの資本量が成長する寄与率の合計になります[48]。ＢＬＳの統計によると、労働生産性の成長の10％は、教育達成度の上昇による労働構成の改善のためであり、38％は、労働者が自分で取り扱うことができる資本量の増加のためであり、そして、52％は、ＭＦＰによって計測される幅広い技術進歩の上昇によるものとなっています。つまり、戦後１９４８年から２０１２年にかけての米国における労働生産性の上昇は、多くが技術革新によってもたらされたことがわかります。

■研究開発、教育への公的投資

労働生産性とＭＦＰは、年ごとにきわめて変動しやすいため、15年の中心化移動平均[49]をとって図示したのが第1図になります。これを見てわかることは、戦後米国における労働生産性と多要素生産性の年成長率には、長期的に３つの異なった時期があるということなのです。第一

[48]　コブ＝ダグラス型生産関数で説明すれば、$Y=AL^{\alpha}K^{1-\alpha}$ の集計的生産関数が設定されます。Y は実質産出、L は労働投入、K は資本、A は TFP、α は定数になります。このとき、１労働時間 (H) あたりの産出は、$Y/H=A(L/H)^{\alpha}(K/H)^{1-\alpha}$ となりますから、労働生産性の成長は、$\Delta(Y/H)/(Y/H)=\Delta A/A+\alpha[\Delta(L/H)/(L/H)]+(1-\alpha)[\Delta(K/H)/(K/H)]$ となります。つまり、労働生産性の成長は、TFP の成長に、１労働時間あたりの労働の質の成長である L/H の成長に α を掛けたもの、資本・労働比率の成長である K/H の成長に $1-\alpha$ を掛けたものを加えたものになります。

第１図　労働生産性と多要素生産性の年成長率の15年中心化移動平均（1956～2005年）

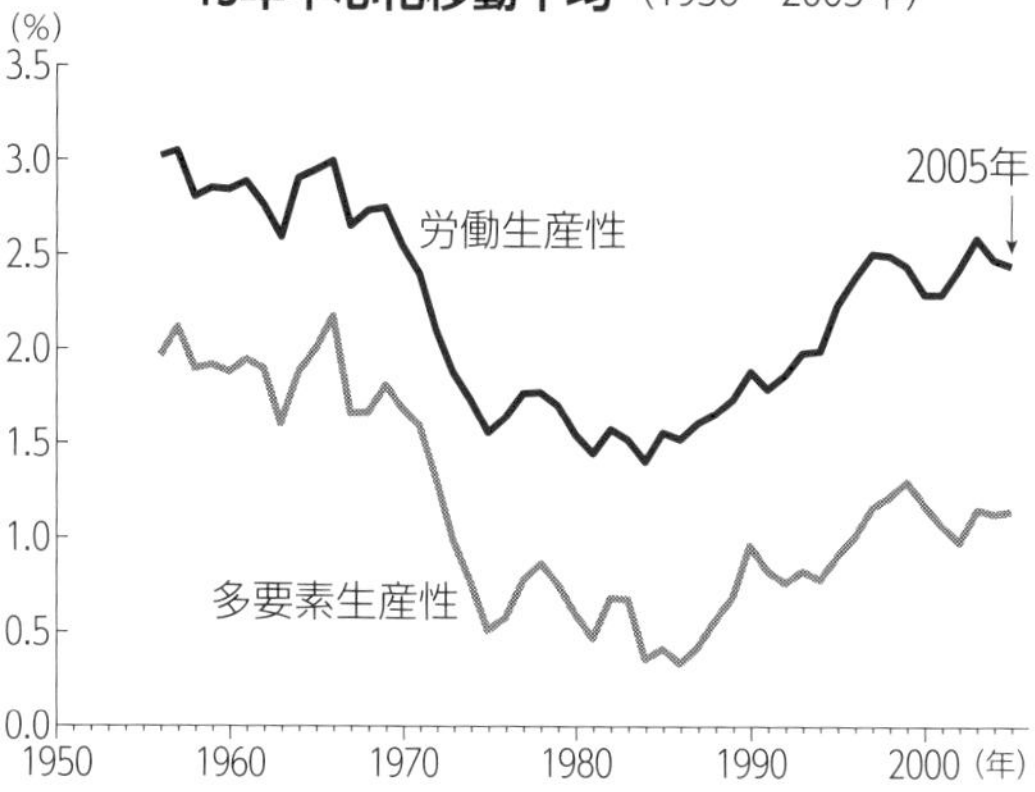

出所：『米国経済白書2014』蒼天社出版、2014年、146ページ。

は、１９５５年から１９６０年代であり、第二期が１９７０年代から１９８０年代、そして第三が、１９９０年代から２０００年代にかけての時期になるでしょう。

どのような要因によってこうした労働生産性と多要素生産性の年成長率に違いが出てきたのでしょうか。

第一の時期は、第2次世界大戦期からの軍事的イノベーションの商業化が起こり、また、大規模な公共投資が行われたことに起因するという説明がなされます。つまり、ジェットエンジンや合成ゴムなどの戦時軍事イノベーションが戦後商業化したのであり、また州際ハイウェイシステムなど戦後の公共投資によって、労働生産性や多要素生産性の上昇があったというのです。

それではなぜ米国の労働生産性と多要素生産性成長率は、１９７０年から80年代にかけて落ち込んだのでしょうか。その第一の要因は、エネルギーコストの変動、とりわけ二度にわたるオイルショックが米国を襲ったことが挙げられるでしょう。いうまでもなく、１９７３年第４次中東戦争に始まる混乱によって、ＯＰＥＣ諸国の原油減産と欧米諸国への禁輸措置がとられ、原油輸入にかなり依存していた米国経済にショックを与えます。潜在産出成長にとってエネルギー価格の高騰が果たした影響は大きかったといえそうです。

[49]　15年中心化移動平均とは、８番目の年を中心として、前後7年の数値を足し合わせ、15で割って出た値を言います。たとえば、1980年の中心化移動平均という場合、（1973年の数値＋1974年の数値＋1975年の数値＋1976年の数値＋1977年の数値＋1978年の数値＋1979年の数値＋1980年の数値＋1981年の数値＋1982年の数値＋1983年の数値＋1984年の数値＋1985年の数値＋1986年の数値＋1987年の数値）÷15で計算された数値を言います。1981年以後の中心化移動平均の場合は、１年ずつずれて計算されます。15年は奇数ですが、偶数の場合の中心化移動平均は、中心に位置する二つの年の移動平均をとって、足して２で割って算出します。

さらにそれに、労働力の要因として経験の乏しい46年から64年に生まれたいわゆるベビーブーマーたちが、労働市場に大量に流れ込んできたことが指摘されるでしょう。これらの人々は、70年代、80年代に成人し、経済における全体の労働経験を引き下げたのでした。さらに、それに大量の女性労働が労働市場に参入し、米国労働者の経験を一気に引き下げたといえるでしょう。

それでは、１９９０年代から２０００年にかけての労働生産性と多要素生産性の上昇は、どのように説明されるのでしょうか。それは、１９７０年代および80年代に起因する情報技術（ＩＴ）革命によるものといえますが、90年代になってそのスピードの改善やアプリケーションの幅広さやテクノロジーを活用する企業の能力も伴って爆発的に労働生産性と多要素生産性を上昇させたといってよいでしょう。現在のところイノベーションの成長率がどうなるかの予測は極めて難しいといえるでしょう。

オバマ政権は、生産性成長の促進は、米国の潜在成長能力を拡大するためには不可欠な条件とみなしています。しかもその課題は、個別的な利害にかかわる民間の企業のできることではないと考えます。技術進歩は、多くの人々にあまねく波及します。したがって、米国政府が技術開発を支援し、それを可能にする役割を持っていることを重視するのです。すなわち、研究開発（Ｒ＆Ｄ）に直接資金提供したり、インセンティブを与えたりし、また競争を守る制度的、法的、制度環境を整えることが重要ですし、知的財産権を定義し、民間のイノベーションの奨励も必要でしょう。

さらに、科学、技術分野において教育を通じて人的資本を開発することの重要性があります。Ｒ＆Ｄへの投資は、スピルオーバー効果があると一般的には考えられます。つまり、投資収益の一部は、発明した人以外にも帰属するのであって、したがって、Ｒ＆Ｄ投資は、一企業にとっては利益にならないこともあり、その場合、大学、公的研究所のような非営利の組織が重要な役割を果たすことになるのです。とりわけ基礎研究は、米国においてはほとんどが政府その他の非営利の経営組織によって資金提供されているといってよいでしょう。

オバマ政権は、現時点において、電気通信産業にかかわる投資が今後米国の技術革新の重要な鍵の一つになると考えているようです。「電気通信インフラ、とりわけ高速かつアクセス可能な有線及び無線のブロードバンド・ネットワークは、ビジネス、医療、教育、公安、娯楽などにおいて、重要な技術進歩を可能にする決定的要因である[50]」と述べています。

■生産性の上昇と不平等の拡大

ところで、オバマ政権は、生産性促進に政府が積極的にかかわることの重要性を強調しますが、それと同時に、かつてのブッシュ政権などとは異なって、生産性成長とともに不平等が拡大されてきた問題を重視します。なぜなら、労働生産性の上昇がすべてのアメリカ人にあまねく所得の上昇となって実現されてはこなかったからなのです。

１９７０年代までは、生産性成長は、労働報酬の増加と結びついていたのです。しかし、それ以降、生産性成長は、それに見合った労働報酬の増加に形を変えてはおらず、所得不平等が著しく拡大しました。

かつて、私は、戦後米国に形成された「ケインズ連合」について研究を進めたことがあります。ケインズ連合とは、「生産的投資に利害を有する生産階級（productive class）の連合であり、具体的には、支配的な寡占資本階級と労働階級との広範な連合であり、その基礎は寡占市場からの超過利潤と労働者の高賃金にほかならない[51]」と指摘したことがあります。

[50] 前掲『2014米国経済白書』154ページ。
[51] 詳細は、拙著『アメリカ経済政策史』有斐閣、1996年、64ページ。

第2図　生産性と平均賃金の成長（1947～2013年）

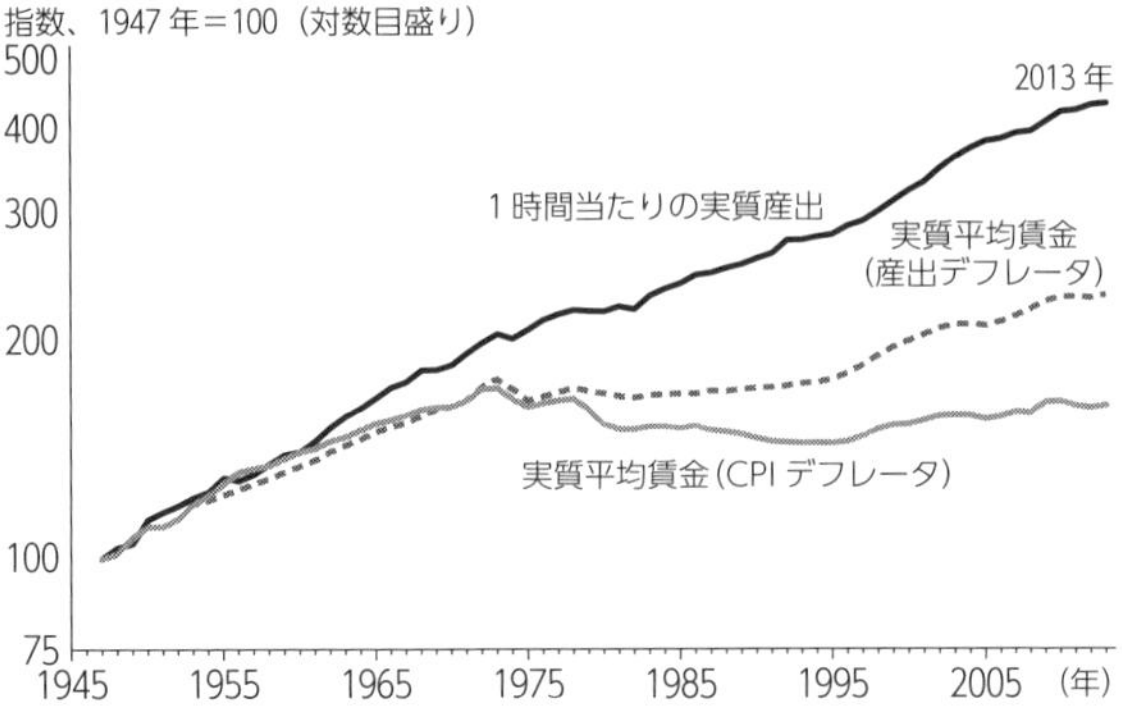

注：1時間当たりの実質産出は、非農業企業セクターの全労働者についてのものである。平均賃金は、民間生産非監督労働者についてのものである。産出デフレーターは、非農業企業産出の価格指数である。CPIデフレーターは、CPI-Wである。1964年以前の賃金に関するデータは、SICに基づく産業分類を反映するものである。

出所：『米国経済白書2014』蒼天社出版、2014年、148㌻。

生産性と平均賃金の成長を第2図においてみると事態は明らかです。戦後から1960年代、「ケインズ連合」が米国経済において盤石な階級として存在していたころは、実質賃金と実質産出は、ほぼ並行して上昇していました。しかしながら、1970年代初め以降、1時間当たりの実質産出（労働生産性）と1時間当たりの平均賃金の格差は広がるばかりです。1972年に比べて2013年9月末には、1時間当たりの実質産出は、107%も高くなったのですが、1時間当たりの実質平均賃金はわずか31%伸びたにすぎません。これを従来の通説的見解では、「スキル偏向型技術変化」によって説明してきました。この見解によれば、教育ある労働力の供給に対して、スキルの需要が増加したことが、80年代における不平等拡大の大きな推進力であったとするのがこの見解による説明なのです。コンピュータ技術が次第に高価ではなくなったので、それを補完するスキルを備えた労働者への需要が相対的に高まったというのです。

しかし、オバマ政権の経済政策担当者たちは納得しません。なぜなら、80年代にドイツや日本のような他の多くの工業国においても同じテクノロジー・ショックがありましたが、米国のように賃金不平等の拡大は起こりませんでした。したがって、彼らは、不平等を説明するフレームワークを拡大し、制度の変化に求めたのです。いわく、「制度の変化――とりわけ最低賃金の実質価値の低下と労働組合の衰退――が少なくとも所得分布の最底辺においては、80年代の不平等をほとんど説明できる」[52]のです。しかも、過去30年間において不平等における最も印象的な変化のひとつは、所得分布の最上位における所得の急増なのです。これは明らかに、技術変化にもスキルに対する相対的需要にも関連してはいないのです。

こうして、オバマ政権の経済政策担当者たちは、制度的条件を検討しながら、米国における貧困問題に挑戦して行くことになるのです。すなわち、労働生産性の上昇が米国における潜在成長能力を拡大する基本条件であることは明らかなのです。それをすべてのアメリカ人にあまねく享受させるにはどうしたらよいのかが課題となります。

4 経済的機会の促進にとって貧困対策はどのような意味を持つのか
――最低賃金大幅アップはなぜ必要なのか――

■貧困とのたたかい

オバマの経済政策の第三の課題は、すべてのアメリカ人に彼らの潜在能力を完全に実現し、彼らが創出し促進する繁栄に加われる機会を確実にすることです。これを実現するには、いうまでもなく、米国社会から貧困を一掃しなければなりません。しかしながら、そもそも貧困とは一体何なのでしょうか。

歴代の大統領で、「米国における貧困に対する徹底的なたたかい」を1964年1月8日、宣言した

[52] 前掲『2014米国経済白書』149ページ。

のは、ケネディ暗殺の後、そのあとを次いで大統領になる、リンドン・B・ジョンソンだったことはよく知られています。2014年は、その宣言からちょうど50年目の節目の年でした。オバマ大統領は、その記念すべき年に当たり、過去50年間の貧困削減の達成度を評価し、貧困とたたかうプログラムの実績を評価し、さらなる挑戦を行なわなければならないことを課題とするのです。

米国において、貧困に関する統計が政府によって公表され始めたのは、1969年8月以降のことでした。1962年に出版されたマイケル・ハリントンの『もう一つのアメリカ』（*The Other America*）が、貧しい人々は「見えない国に」に住んでいると描写したことはあまりにも有名ですが、1964年の『大統領経済報告』も、その世界を「ほとんど認識できないし、彼らの同胞であるアメリカ人の多くにも、めったに認識されてこなかった」と記述したものでした。抽象的に、貧困とは「彼らの収入が、基本的ニーズを満たせず、それを下回ること」であるのは理解可能ですが、基本的ニーズをどのように統計的に確定するのかが問題になります。

貧困者の所得範囲の限界を貧困閾値《ひんこんいきち》といいますが、公式にそれを特定した学者が、社会保障庁のエコノミスト、モイリー・オーシャスキー（Moillie Orshansky）でしたが、それは、1963年から64年のことでした。当時、米国農務省が55年家計食料消費調査のデータを使って、一つの食事プランを策定したのですが、その中で、プランの最低限の費用を「所持金がすくない時に、その場しのぎにもしくは緊急に利用する」ための費用とみなしました。この調査に参加した家族は、平均して彼らの所得の約3分の1を食料に充てていましたので、オーシャンスキーは、家族の規模、構成、そして、家族が農場で生活しているか否かで調整し、この必要最低限の食事である「経済的な食事プラン」（economy food plan）に必要な費用の3倍を貧困閾値としたのでした。[53]

[53]　同上『2014米国経済白書』178ページ。

しかしながら、この公式貧困測定（ＯＰＭ：officail poverty measure）では、勤労所得税額控除（ＥＩＴＣ：Earned Income Tax Credit）や補足的栄養支援プログラム（ＳＮＡＰ：Supplemental Nutrition Assistance Program）などが、見逃されていたり、基本的ニーズの費用測定が高めに推計され、したがって、貧困閾値も高めに設定されていたりで、新たな統計的観点からの測定の必要が出てきました。こうして、センサス局は、２０１１年に、食品、住居、衣服、公共料金を含む必需品支出に関する支出分布の第33百分位《ひゃくぶんい》[54]に位置する家族の最近の支出を使って貧困閾値を計算するということを行ない、公表し始めたのです。これが、補正貧困測定（ＳＰＭ：Supplemental Poverty Measure）というものです。

第3表　特性ごとの貧困率（1959～2012年）

	1959年	2012年	
	公　式 貧困測定	公　式 貧困測定	補　正 貧困測定
すべての人々	24.3	15.1	16.0
家計の特性			
世帯主が前年就業	17.8	10.0	10.5
世帯主が前年就業せず	55.7	27.4	29.2
世帯主が既婚	18.9	7.9	10.2
世帯主が独身女性	47.4	29.1	28.9
個人の特性			
高卒未満（25～64歳）	25.3	33.9	35.8
高校卒業（25～64歳）	10.2	15.6	17.5
大学（25～64歳）	6.7	4.5	5.9
18歳未満	26.8	22.3	18.0
65歳以上	39.9	9.1	14.8
女性	24.9	16.4	16.7
アフリカ系アメリカ人	57.8	27.3	25.8
ヒスパニック系	40.5	25.8	27.8
アジア系	N/A	11.8	16.7
アラスカ先住民/アメリカ先住民	N/A	34.2	30.3
白人	19.5	9.8	10.7
移民	23.0	19.3	25.4
障害者（18～64歳）	N/A	28.4	26.5
大都市圏以外に居住	32.7	17.9	13.9

注：世帯主の特性に基づいて計算。集団宿舎で生活している者は除く。
出所：『米国経済白書2014』蒼天社出版、2014年、182㌻。

■貧困の要因

こうした貧困測定をもとに、１９５９年と２０１２年において測定された貧困率を一覧表にしたものが、第3表になります。これを見ますと様々な特性ごとに貧困率の違いが見えてきます。まとめて示せば次の通りでしょう。

まず、当たり前のことですが、雇

[54]　必需品支出に関する支出分布を100に分け、下から33番目に位置する必需品支出額を貧困閾値とするということ、つまり、33番目以下の必需品支出家族を貧困層と規定するということ。

用が貧困率と密接な関係を持っていることがわかります。就業者の貧困率は低くなりますが、失業者の貧困率は高くなります。第二に、教育水準が、貧困率に影響し、高学歴ほど貧困率は低くなります。学費が高いので、低所得者は、大学など高学歴から排除される傾向にありますから、貧困者の子弟は貧困者となる悪循環が形成されることになります。第三に、一般に子どもの貧困率は高いのですが、公式貧困測定が補正貧困測定より高くなるのは、公式測定では、還付可能な税額控除や補足的栄養支援プログラムを無視していることによるものです。第四に、高齢者の貧困率が、1959年に比べて2012年が激減しているのは、ジョンソン政権下で成立した高齢者医療制度、メディケアのおかげということができるでしょう。第五に、女性の貧困率が高くなっています。とりわけシングルマザーの貧困率の高さは、大変高いもので、さらに女性の高齢者の貧困率も高いのですが、それは、男性と比べて雇用時の低賃金が影響しているものと思われます。第六が、人種と民族の関係ですが、アフリカ系アメリカ人、ヒスパニック、アメリカ先住民の貧困率は、極めて高く、白人の貧困率との差は歴然としています。第七に、障害者の貧困率が高く示されています。これは彼らの就業率の低さが影響しているものと思われます。最後に、地方コミュニティの貧困率が高く出ていますが、生活費などを考慮すると公式貧困測定は、そうした点での相違を反映していないことからくるものと思われます。

■1970〜80年代の失敗

さて、1964年ジョンソン政権に始まった米国における「貧困とのたたかい」をどのように評価したらいいのでしょうか。いうまでもなく、ジョンソン政権以来の貧困対策は大きな成果をあげてきたといえるでしょう。1976年の米国における貧困率は、25・8%だったといわれていますから、

2012年に16・0%に低下したということは、貧困の3分の1以上が削減されたということになります。この低下の要因は、ジョンソン政権期に始まったセーフティー・ネットの拡充によるものといえるでしょう。

当時「貧困とのたたかい」を立案した人たちは、彼らが生きている間に貧困の根絶は可能だと確信していました。たしかに、1959年から68年までの公式貧困測定のトレンドを見ると1980年代までに貧困根絶はできるはずだったのです。しかしながら、公式貧困率は、1973年に最低点に達したのですが、その後、米国における貧困率は、横ばいか、もしくは若干上昇の傾向を示してきたのでした。それはいったいどうしてだったのでしょうか。その謎を解けば、米国における貧困対策にも活路が見えてくるというものです。

その第一の最も明白な答えは、1960年代の年金の拡充が高齢者の貧困率を劇的に減少させたことにあるといえます。1959年に65歳以上の高齢者の39・9%は、貧困でした。しかし、1974年までにその貧困率は、公式貧困測定によれば、14・6%に減少したのです。その後高齢者の貧困率は、さらに減少し、2012年には、9・1%にまで低下したのです。

しかしながら、1960年代や70年代における高齢でない成人や子どもにとって政府の貧困対策によって貧困率が減少したかどうかには疑問符がつけられるのです。勤労所得税額控除（EITC）や現金以外の給付を計算に入れる補正貧困測定（SPM）によれば、子どもの貧困は、60年代や70年代より90年代の方がより大きく低下したといわれます。

いうまでもなく、1960年代や70年代は、米国において経済成長が順調に進んだ時期でした。ただし、経済成長は、所得分布の最下層にいる人たちの所得をあげることではじめて貧困を根絶できる

第3図　五分位ごとの平均実質家計所得
(1967〜2012年)

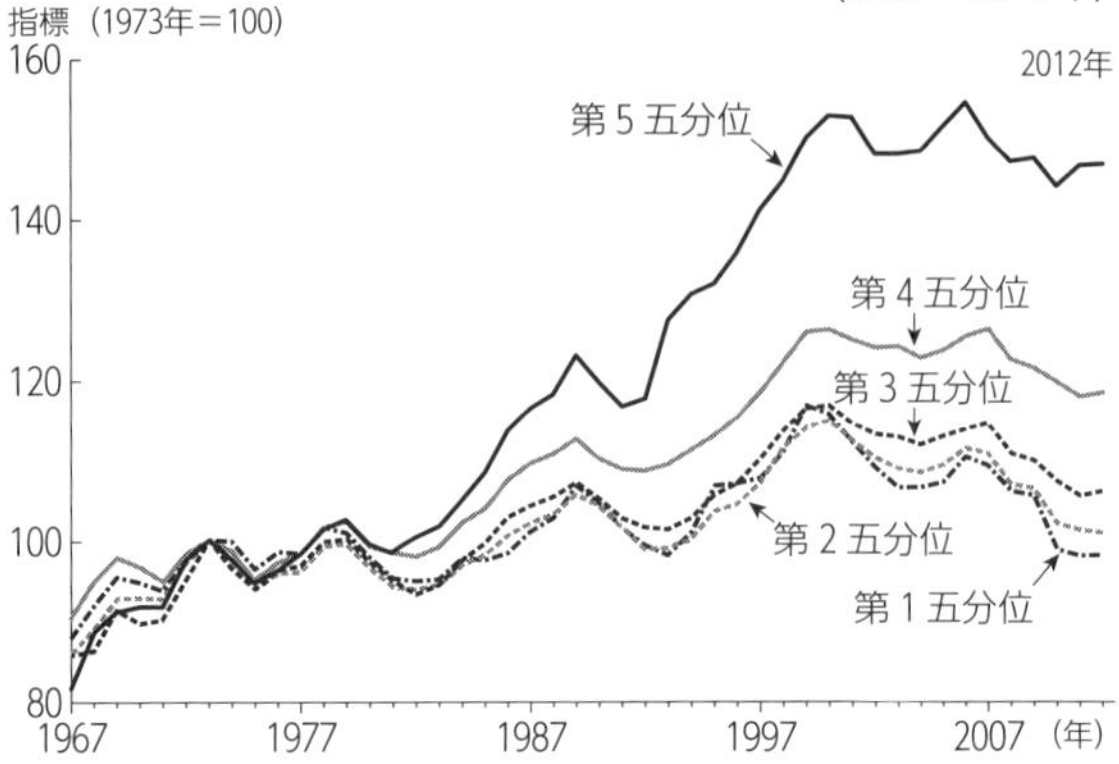

出所：『米国経済白書2014』蒼天社出版、2014年、188ページ。

のです。しかしながら所得の不平等の拡大が、ほとんどの家計の現金所得を改善することにブレーキをかけてきたのです。所得分配は、貧困水準に深刻な影響を与えるのです。

1970年代や80年代において実質経済成長は、年率約2・1%で成長しましたが、80年以降、経済成長は、「ケインズ連合」が大きな役割を果たしていた時とは違って賃金も利潤もともに増大させることに失敗したのです。拡大する不平等が最下層の所得を置き去りにしたのです。第3図がそれを明瞭に示しています。所得分布の上位20%の所得は、2000年代まで劇的に上昇します。1973年よりも今日では50%以上も高いのです。対照的に、第《だい》1五分位《ごぶんい》から第3五分位[55]までの所得分布の下位60%の実質家計所得は、90年代半ばの景気拡大まで停滞し、今日でも73年の景気循環のピークからほとんど変わってはいないのです。

■最低賃金引き上げの重要性

この格差の拡大によって、1980年代以降の貧困削減は進みませんでした。しかしなぜ、格差の拡大がこの時期以降急激に進んだのでしょうか。それは、最低賃金をインフレーションに合わせて引き上げてこなかったからなのです。1980年代以降の格差拡大の最大の理由は、最低賃金をインフレに合わせて調整することを怠ったからといえるでしょう。

[55]　五分位とは、全体を5つに分けることで、第1五分位とは、下から20%の家計所得を意味します。第2五分位とは、その上の20%、第3五分位とは、さらにその上の20%ですから、第1から第3五分位までをまとめると下から60%の家計所得になります。

ジョンソン大統領は1960年代に、最低賃金を水準においても範囲においても拡充しました。最低賃金は、1968年にピークに達したのです。その後、最低賃金は上下しましたが、時間当たり7・25ドルという今日の水準は、実質値で言いますと1950年と同じ水準なのです。この水準では、ひとり親が、2人の子どもを抱えフルタイムで働いたとしても勤労所得税額控除によって提供される補助を計算に入れたとしても、貧困線近くの所得しか得ることはできません。フルタイムで働いても貧困線以下とは、賃金が労働力の価値以下に切り下げられ、まともな労働力の再生産ができない状況となっているのです。

最低賃金の価値と所得分布の下層の賃金とは、密接な関係にあります。実質最低賃金の動きと女性の中位賃金と下層賃金とのギャップの動きとが、きわめて密接に関連しているという統計が示されています。しかしながら、日本でもよく言われる議論ですが、最低賃金を上げると職（雇用）が喪失し、かえって労働者の利益にならないとするものです。しかし、米国における分析と調査は、最低賃金上昇が「雇用に対する重大な悪影響に関する証拠はない」とするのが一般的です。最低賃金の10％の引き上げは、貧困率を約2・4％引き下げるという調査結果も出ているのです[56]。

■労働組合の役割は大きい

米国において、貧困とのたたかいが順調に進まないと考えられる第二の要因は、労働組合の組織率の低下にあります。米国労働者の組合組織率は、1983年の23・3％から2013年の12・4％まで低下しました。労働組合は、低・中所得の労働者の賃金引き上げに重要な役割を持っています。また、スキルによる報酬格差を縮めますから、この組織率の低下は、米国における所得格差の拡大に寄

[56]　同上『2014米国経済白書』188㌻。

与してきたといえるでしょう。

さらに、移民労働力の米国への流入は、賃金引き下げに寄与し、貧困率上昇の要因ともなってきたとする見解があります。確かに、最近の移民は、貧しい国からの人々が多くを占めています。彼らの多くはせっかく移民して来ても貧困線以下での生活をおくらなければならないということが起こるようです。しかしながら、1979年から99年までの移民の増加は、わずか0・1%ポイントしか貧困率をあげてはいないとする研究も発表されています[57]。さらに、1960年代以降、女性の労働市場への参加の上昇、世帯主として暮らす女性の増加が、貧困率を高めたとすることも言われます。

米国においては、また、投獄者の増加が過去30年間深刻な貧困を引き起こすことと関連してきたことが指摘されます。刑務所にいる人口は、1980年に10万人中221人であったものが、2008年には10万人中762人に急増しているのです。父親の投獄によって、家族は所得を失いますし、犯罪歴のある人の賃金は、3~16%も低下します。アフリカ系アメリカ人の投獄が1%増えるごとに若いアフリカ系アメリカ人の男性の雇用を1・0%から1・5%減少させるという研究もあります[58]。

「貧困とのたたかい」は、貧困状態のアメリカ人に熱き援助の手を差し伸べてきたことは明らかでしょう。しかしながら、米国社会には、2012年、1340万人の子どもを含む、4970万人の人々が貧困ライン以下で暮らしているのです。

■オバマ政権と最低賃金制度

こうした事態に対してオバマ政権はどのような経済政策で臨むのでしょうか。世界経済危機以後の対処について振り返りながら、将来的にオバマの『中間層重視の経済学』は、何をしようとするので

[57] Hoynes, Page and Stevens, Poverty in America: Trends and Explanations, *Journal of Economic Perspectives* 92, No.3, 2006: 748-765を参照。
[58] Bruce Western, The Impact of Incarceration on Wage Mobility and Inequality, *American Sociological Review* 67, 2002, 526-546参照。

しょうか。

経済危機に陥った時オバマ政権は、セーフティー・ネットを強化し、数百万のアメリカ人が貧困に陥らないように対策をとったことはまず述べておきましょう。復興法は、夫婦合算で８００ドルを限度とする給付つき税額控除とソーシャル・セキュリティ給付を数々の暫定的貧困対策措置とともに講じました。また、通常の失業給付への週25ドル（26週間）の追加を含む失業保険の見直し、給付拡張プログラムによる連邦資金の増額などを行い失業保険の近代化を行いました。

しかし、オバマ政権の「貧困とのたたかい」におけるスタンスの画期的な方法は、雇用報酬の大幅引き上げこそ最も重要な貧困対策であると考えそれを具体的に実行に移してきていることでしょう。それは最低賃金の引き上げと、高齢者や病気、傷害、障害のある人々を援助する約２００万人の介護労働者への残業手当の支給を決定したことに現れています。

２０１４年に大統領は、連邦政府と契約するサービス業務と建設に従事する労働者の時給を10・10ドルにする最低賃金引き上げの大統領命令に署名したのです。この措置は、連邦政府に対してサービス業務を提供するいかなる労働者も貧困状態で家族を養うことがないことを保障するものなのです。

最低賃金を上昇させることは、離職率を低下させ、モラルの向上につながり、コスト削減と生産性を高めることにつながるという研究が広範に存在しています。連邦政府関連だけではなく、全国的な最低賃金の引き上げとなる、連邦最低賃金を時給10・10ドルに引き上げるハーキン＝ミラー法案（Harkin-Miller bill）を通過させるように大統領は議会に呼びかけています。

ここではなぜ米国において最低賃金を引き上げることが重要な政策課題なのかについて示しておきましょう。

今、米国の連邦最低賃金は、時給7・25ドルですが、この最低賃金で働く常勤労働者の4人家族が、たとえ勤労所得税額控除や現金給付の支援があったとしても、貧困から抜け出すことは不可能なのです。2013年の連邦最低賃金は、インフレ調整すると1950年当時と変わらないということがわかります。

経済諮問委員会の試算によれば、最低賃金時給10・10ドルが実現すれば、現在最低賃金付近にいる約200万人の賃金を引き上げ、その家族を含めるとおよそ1000万人以上の貧困者を減らすことになるだろうと考えられるのです。

もちろん、最低賃金を引き上げることに反対する意見もあります。よく聞かれる反対意見は、既述のように最低賃金が上がると給料が上がり、そのことで雇用が減少するというものです。しかしながら、この意見は、研究によって実証されてはいません。むしろ、最低賃金の引き上げによって雇用へ影響することはないというのが多くの研究の結果なのです。確かに最低賃金の上昇は、雇用主にとって賃金コストの上昇となりますが、そのことによって労働者の離職率が減少し、雇用が長期化すれば求人コストは節約できますし、新規労働者への訓練コストも削減することができるという雇用主にとってのメリットが主張されています。

またマクロ的には、賃金上昇による財・サービス需要が上昇し、現実のGDPを潜在GDPの水準へ近づける役割を果たすことになるでしょう。

■オバマ政権の教育政策

経済的機会の促進を積極的に進めるためにオバマの経済政策が重視するのは、質の高い教育によってすべての子どもの能力を高めることなのです。教育は技能を高め機会を増加させるのです。幼児教育もさることながら、オバマ政権が力を入れるのは大学などの高等教育であり、米国のすべての家庭に対して、進学しやすく支払い可能な大学つくりを進めるというのです。ペル奨学金の充実によって低所得の学生の奨学生を増やし、大学授業料の負担を軽減するため、米国機会税額控除（American Opportunity Tax Credit）を創設し、学生ローンの包括的改革を通じて次の10年間に680億ドルの減税を実施するとしています。

また、オバマ政権は、しっかりした職業訓練が、雇用と勤労所得を改善するということから低所得者や長期失業者に雇用助成と職業訓練機会を提案してきました。

しかも、オバマ政権は、プロミス・ゾーン構想を打ち立て、競争的に選抜された地域に既存の政府資源を集中し、雇用創出、治安、教育機会の向上、そして手頃な住宅供給のために民間投資を活用しようというのです。米国版特区構想ともいうべきこの構想は、しかし、日本の「特区」とは大きく違います。子どもの出身地が彼らの運命を決定するのではないとの考えから、「チャンスを与え、すべての子どもが成功の機会を得るため、わが政権は公的・民間の資源を集中させて、貧困度の高い地域をチャンスが溢れるコミュニティへと変革するため州・地方政府と協力し[59]」進めるというのです。

この特区構想を見てもわかるように、オバマ政権の経済政策の基本的考えは、かつて「忘れ去られた人々」へ援助の手を差し伸べようとした、フランクリン・ローズヴェルト政権においてとられたニューディール政策を思い出させるものとなっています。これができるか否かは別として、ここにオバマの『中間層重視の経済学』の魂を見ることは日本の経済政策を考慮する上でも決して無駄ではないでしょう。

[59] 前掲『2014米国経済白書』211ページ。

■基礎知識■

所得税と法人税の税率の推移

日本の税制は1980年代からの継続的な改定で変化してきました。

所得税は最高税率の引き下げ、税率段階の単純化などがはかられ、累進制が弱められてきました。

法人税は長期にわたり引き下げられてきました。

いずれも富裕層の優遇、黒字企業優遇の方向性で格差の拡大を助長したと言えます。

一方、アメリカではオバマ政権のもと、累進制を強化する方向で是正が試みられています。

所得税の推移

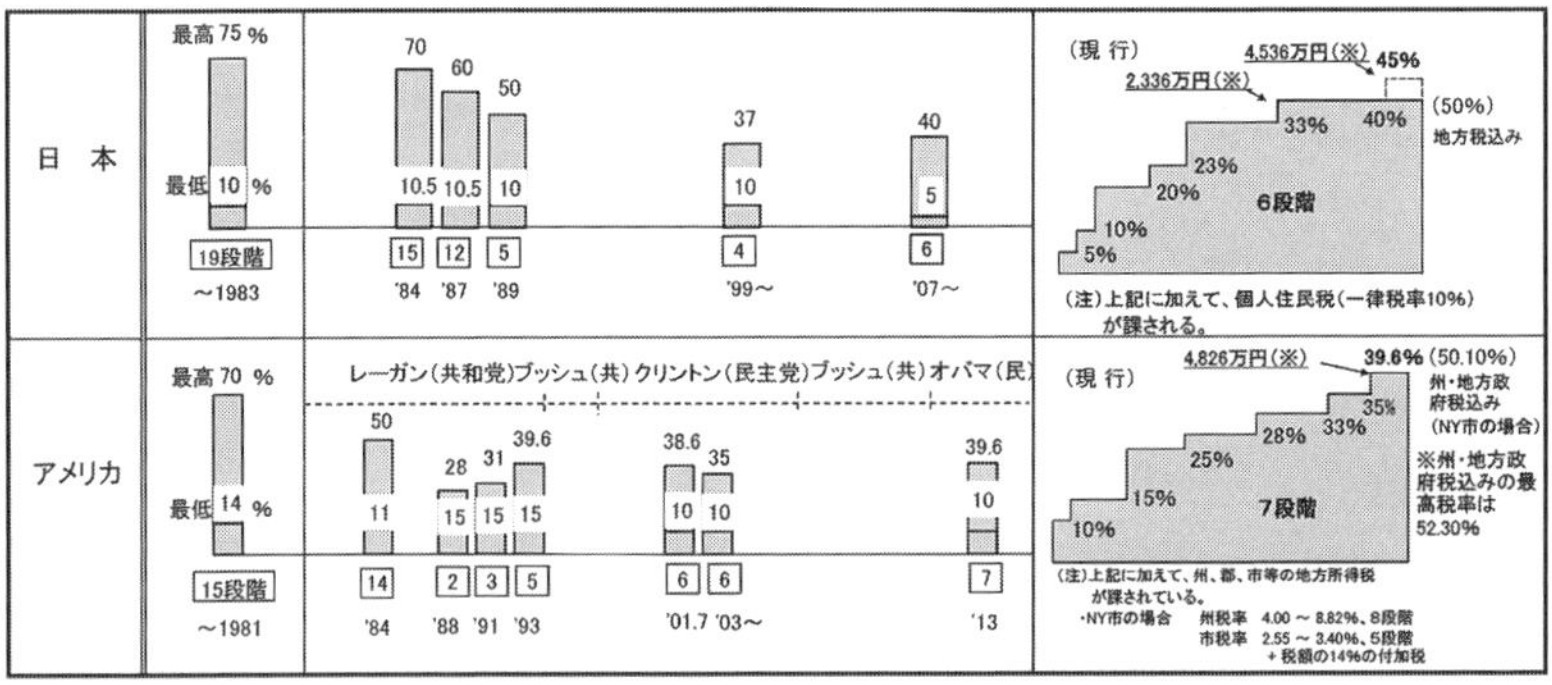

（備考）邦貨換算レートは、1ドル＝100円、1ポンド＝161円（基準外国為替相場及び裁定外国為替相場：平成25（2013）年11月中における実勢相場の平均値）。なお、端数は四捨五入している。

法人税の推移（基本税率）

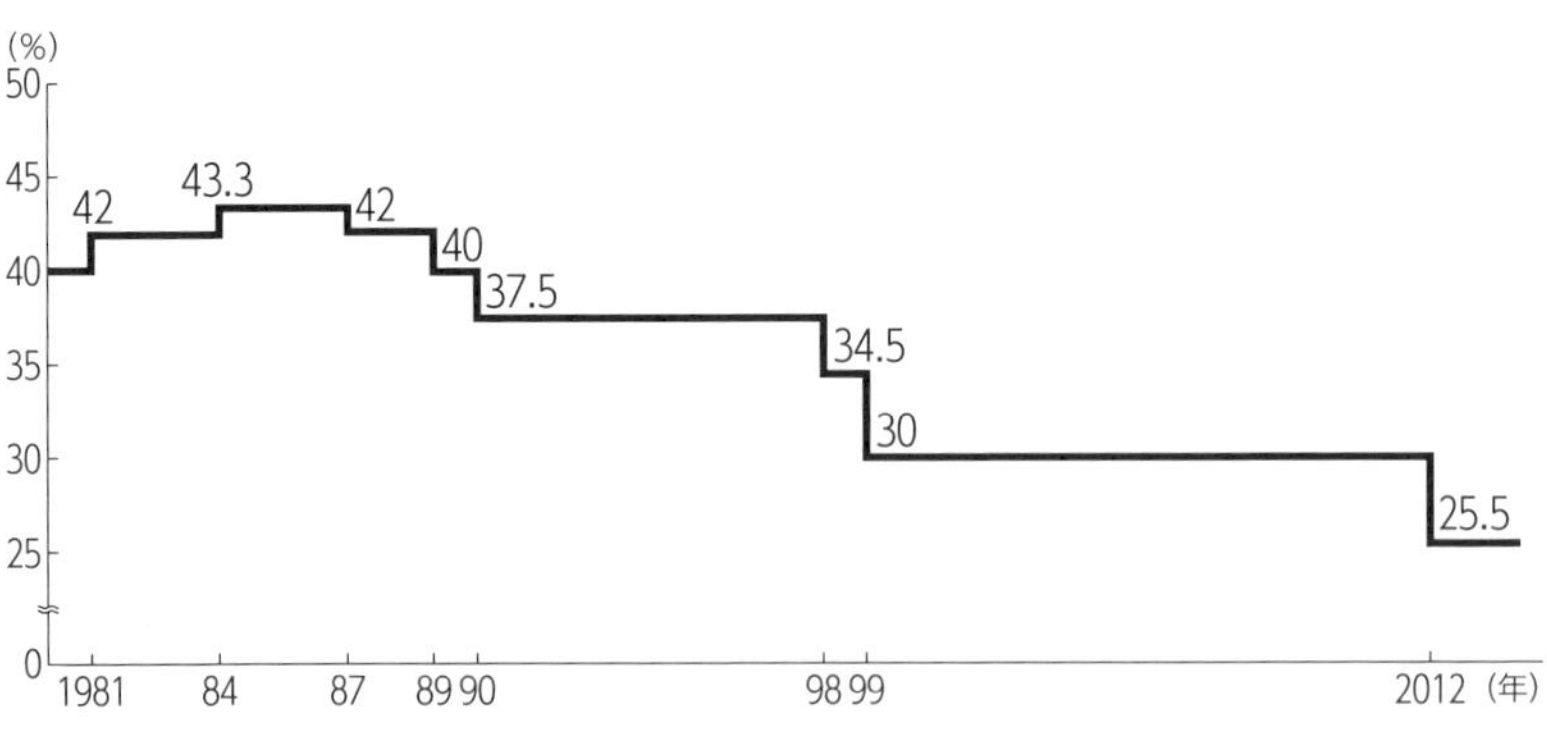

出所：日本・財務省ホームページ

Chapter III

世界経済危機と日本の政権交代

■日本の経済政策を問う視点

安倍晋三首相は、2014年11月21日午後、突如衆議院を解散し、総選挙を12月14日投票で実行しました。自らアベノミクスを問う選挙であると位置づけ、本書冒頭に記しましたように、民意を反映しない不公正な小選挙区制度に守られながら、得票率の減少と議席の減少にも拘わらず、自由民主党は、公明党と連立を組んで政権を持続することとなりました。商業紙やマスメディアは、自民・公明の圧勝などと書き立てていますが、沖縄では、自民党は全選挙区で議席を失いました。真の勝利者は、自民党と真っ向から対決し、対案を提示し、共同で選挙戦を戦い、得票率・議席とも飛躍的に伸ばした日本共産党ということになりそうです。

しかし、安倍氏は、アベノミクスは選挙民から信頼を得たといい、一時棚上げした消費税10％への増税を今度は、2017年4月、粛々と実行することになりそうですが、米国の経済政策『中間層重視の経済学』に比較するとその経済政策の違いは歴然です。

ところで、なぜこうした経済政策上の違いが発生したのでしょうか。また、日本の経済政策は、国民大多数の立場に立てば、本来どのようにあるべきなのでしょうか。

これを探るにはやはり、世界経済危機を経て日本の政治経済がどのように展開したのかというところから話を始めないと本格的な理解はできそうもないような気がします。米国においても2008年9月15日のリーマンショックは、共和党ブッシュ政権の下での経済政策による格差拡大が大きく絡んでいたことは、すでに述べました。そうした政治に愛想をつかした米国民が共和党からから民主党オバマ政権へと大きく政治経済の方向を変化させたのですが、日本の場合はどうだったのでしょうか。

1　日本の構造改革と格差社会の形成

（1）輸出企業を直撃した世界経済危機

■輸出に依存する景気

サブプライムローン危機に端を発する金融危機は、２００７年夏のヨーロッパがその発端であったことはすでに述べました。その危機が２００８年9月15日には、米国の金融中枢部を襲うことになったのですが、日本経済へは、その金融危機はどのような影響を与えたのでしょうか。

リーマンショックの日本への直接的影響は、急速な円高と東京証券市場における株価の下落でした。ヨーロッパなどでは、米国のサブプライムローン関連の金融商品へ投資を行っていた金融機関が倒産するという事態が発生しましたが、日本の金融機関がサブプライム関連の金融商品への投資に失敗し危機に陥ったことはありません。しかし、金融危機の勃発は、米国市場からドルが引き上げられる事態となり、円高が急速に進み、輸出大企業などの業績悪化の懸念から、東京証券市場の株価下落となったのです。

急速な円高がなぜ輸出大企業にとって大幅な減収になるのでしょうか。それを考察するには、現在円安で輸出大企業が大儲けをしている、これと逆のケースが起こったことを考えればすぐわかります。つまり理屈はそう難しくはありません。１ドル＝１００円だったものが1ドル＝70円というような急

各国の輸出依存度

（年／%）

国	2006	2007	2008	2009	2010	2011	2012
日本	14.9	16.4	16.2	11.5	14.0	13.9	13.4
韓国	34.2	35.4	45.3	43.4	46.0	49.9	48.5
中国	34.8	34.9	31.6	24.1	26.6	26.0	24.9
アメリカ合衆国	7.7	8.3	9.1	7.6	8.8	9.8	9.9
イギリス	17.5	15.5	17.5	16.3	18.1	19.7	19.5
ドイツ	38.4	39.7	39.8	33.9	38.2	41.0	41.5
フランス	21.7	21.3	21.4	18.1	20.1	21.0	21.4
オーストラリア	15.7	14.9	18.0	15.6	17.0	18.2	16.7

出所：総務省統計局『世界の統計』（2012～2014）

速な円高になったのです。米国市場で、1ドルで売られる商品は、日本円に換算すると手数料その他一切余計なものを無視しますと100円の収入だったのですが、それが70円になるのですから、1ドルにつき30円の減収になります。輸出大企業の海外市場での販売量とその金額は半端なものではありませんから、これは深刻です。とりわけ、この円高は対米輸出で多くを稼いできた日本の自動車企業の収益を直撃しました。トヨタ自動車の場合1ドル1円の円高で400億円、ホンダの場合200億円の営業減益要因となると報道されたものです。[60]

世界経済危機の深刻化は、海外輸出収入の激減を引き起こし、日本経済へ大きな影響を与えました。日本経済のGDP成長にとってこの時期、外需が果たす役割は極めて高いものでした。

確かに、日本経済のGDP総額に占める外需の比率はそう高くはありません。それを輸出依存度といいますが、日本の輸出依存度は11%程度ですから他国と比べて低い数字だといえましょう。しかし日本の景気は、輸出の動向によって大きく左右されていました。海外の需要に経済が大きく影響されることを外需依存度が高いと表現することがありますが、それはGDP成長にとっては重要なことなのです。GDP総額、つまり、経済の規模に対する輸出規模ではなく、経済成長率、つまりGDPが増減する変化との関係でいいますとこの時期日本は他国と比較して外需からの影響が大きかったのです。

この外需依存度の高い日本の経済成長は、戦後一貫して貫かれてきたようにも思われますが、とり

[60] 『週刊東洋経済』2008年11月8日号、50ページ。

金融危機後の各国経済・実質 GDP の推移

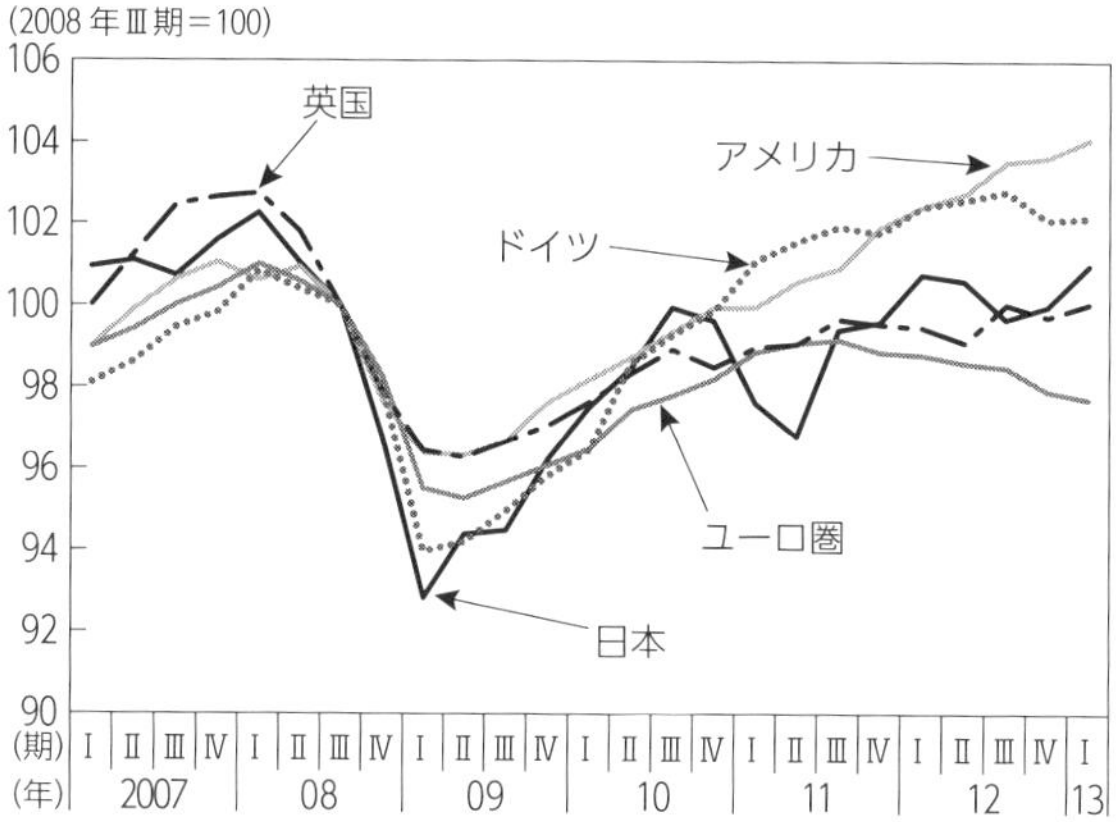

出所：内閣府「平成25年度年次経済財政報告」

わけ、２０００年代になりますと日米アジアの相互依存関係から、日本の地方経済にも景気の高揚を創り出していきます。

『日経ビジネス』２００６年12月25日・２００７年1月1日合併号は、「一蓮托生経済」の強みと題して次のように報道しています。

「長野県坂城町。自動車部品、電機、精密機械など、中小企業を中心に３００を超す工場が集まるこの街の熱気が〝ピーク〟を迎えようとしている。ＪＲ上田駅からクルマで20分、東京証券取引所第１部上場で、町一番の大手、日精樹脂工業は２００５年６月からほぼフル操業状態。２００６年10月には、本社から約60㎞離れた新潟県上越市に新工場を建設し、２００８年４月までに生産能力を１・３倍にする計画も打ち出している。快走する同社の製品は、実は射出成型機。プラスティック原料を金型に注入し、高圧で型締めして大小の部品を生産するという地味な機械だが、これが２００３年頃から急速に伸びている。その需要の元は、自動車やデジタル家電の部品メーカー。金型自体や、コンピューターの成型支援システムなど関連製品を含めれば、約８割が自動車、電気機械部品産業向けである。そして「売上高の55％が輸出で、さらにその半分は中国」（執行役員の花岡茂営業統括部長）だ。世界で売上高を伸ばす「自動車・デジタル家電」と「輸出」「中国」。２００６年11月でいざなぎ景気（１９６５～70年）を抜く4年10か月の史上最長の拡大となった現在の景気を牽引する3点セットの揃い踏みだが、日精樹脂の地元、坂城町、あるいは長野県では必ずしも珍しい例ではない。地方経済が苦境にあえぐ中、県の製造品出荷額は2005年に、前年比3・3%増となり、「2006年も増加は確実と見られる」（長野県産業政策課）。牽引したのは輸出で、県の輸出出荷額は、2002年からの3年間に63・2%も急増している[61]」。

この日精樹脂の例に象徴されていますように、日本が中国やアジア新興国に輸出しているのは、部品や素材などの「中間財」が中心なのです。これらは、日本メーカーの現地生産拠点、あるいは現地メーカーなどの輸出企業向けなのですが、中国や新興国での現地企業は製品に仕上げてはそれを米国や欧州に輸出していたのです。日本企業は、欧米諸国へ直接輸出もしていますが、中国や新興国を通して間接的に欧米諸国へ輸出をしていたということになります。したがって、世界経済危機が欧米経済を襲いこれらの国での内需が落ち込めば、必然的にその内需を当てにして売り込んできた日本企業の外需依存の生産システムは崩壊するということになるのです。

「欧米の景気が失速すれば、間違いなく日本も巻き込まれます。2010年で見ると、日本の輸出額のうち米国向けが15%、EU向けが11%です。じつは、日本の輸出相手国第1位は、19%を占める中国です。さらに、日本から中国以外のアジア新興国向けの輸出が37%に及びます。これらの国の多くは、日米欧を主な輸出先にしています。そこでは、日本から中国・アジア新興国に部品や素材を輸出して現地で製品を組み立て、最終的に米欧に売る、ということが行われています。したがって、中国とアジア新興国は、程度の差はあれ、日米欧の景気失速の影響は免れません[62]」。ということになるのでした。

[61] 『日経ビジネス』2006年12月25日・2007年1月1日合併号、142～143ページ。

[62] 『週刊ダイヤモンド』2011年10月1日号、60ページ。

リーマンショック後の世界経済危機は、日本の金融業ではなく日本の輸出産業へ深刻な影響を与えました。企業業績の悪化は、東京証券取引所の株価下落にも明確に表れましたが、派遣労働者や請負労働者の大量の首切りが発生します。解雇された労働者を支援しようとNPOや労働組合の人たちによって「年越し派遣村」が日比谷公園に2008年12月31日から翌年1月5日まで一時的な避難所として開設されたことにもみられるように、日本社会は、これまでにない深刻な事態に襲われ、いわゆる格差社会が白日の下に晒されることになります。

（2）小泉構造「改革」はいかにして始まったのか

■自民党反主流

ところで、こうした日本社会の変貌を明らかにするには、2001年4月に政権を樹立し、06年9月26日に幕を下ろした小泉純一郎氏の下で実行されたいわゆる「小泉構造改革」の顛末を述べなければなりません。小泉政権は、5年5か月、佐藤栄作、吉田茂に次ぐ、戦後三番目に長い政権の記録を残しました。破綻したとか、行き詰ったなどといわれながらも、小泉氏は「構造改革」で、持論の郵政民営化を軌道に乗せ、米国ブッシュ政権と緊密な関係を常に保ちながら長期政権を維持したのでした。いかなる事情で小泉純一郎氏は首相になれたのでしょうか[63]。

1998年7月の参議院選挙で自由民主党は大惨敗を喫します。アジア通貨危機、ロシアのルーブル危機など世界的金融危機が引き起こされ、北海道拓殖銀行の破綻や山一證券の自主廃業など日本も金融危機が勃発するのですが、橋本政権は、有効な手立てをとろうとはせず、98年の当初予算では、

[63]　小泉構造改革についての詳細は、拙著『日本の構造「改革」とTPP』新日本出版社、2011年、第4章を参照のこと。

財政再建を狙って、裁量的経費を削減する措置に出てしまいます。97年4月1日には、消費税は、3％から5％に上がりましたし、増税と歳出削減によって景気は悪化します。98年7月参院選の自由民主党改選議席126に対し44議席という大惨敗は起こるべくして起こった事態とも言えなくはありません。

2014年10月政治資金の不正使用疑惑で経済産業大臣を辞任した小渕優子氏、その父・小渕恵三氏が橋本内閣の総辞職と自民党総裁選を経て、首相の座を継ぎますが、2年足らずの2000年4月3日、体調不良で入院、5月死去というハプニングが起こります。

急遽自民党執行部は、青木官房長官ほか4名のいわゆる五人組（青木幹雄・森喜朗・野中広務・亀井静香・村上正邦）が密談し、森喜朗氏を首相に選出しますが、この人も長続きはしません。「日本は天皇を中心とする神の国」という失言で森氏は「非民主的」であるとか、「首相の資格がない」などと言われましたが、退陣を決定づけたのは、2001年になり高校生の実習船が米海軍の潜水艦に激突され、多数の死者が出たあの「えひめ丸沈没事件」の時、それを知りながらゴルフに興じるのをやめなかったということにありました。身内の自民党からも批判続出、結局森氏退陣となるのですが、01年3月、自民党総裁選の前倒しが決定されます。頼りにならない森氏の後をだれにするかは、自民党にとってまさに正念場の選択であったといえましょう。

ここでとられた方式が、総裁選挙にあたって各都道府県に割り当てられた地方票を地方党員による予備選によって決定しようとするものでした。従来とは異なった自民党の総裁選びに反主流派から立候補した小泉純一郎氏にチャンスが巡ってきたのです。小泉氏は「自民党をぶっ壊す」などと威勢のいいことを言って、実は、構造改革で国民生活を「ぶっ壊してしまった」総理大臣だったと私は思うのですが、予備選での小泉人気は凄まじく、彼の圧勝となったのでした。

■大企業・財界の利害から経済構造改革

小泉構造「改革」は、経済財政諮問会議の主導のもとに進められていきます。そもそもこの経済財政諮問会議とは、小泉氏が創設したものではありません。もとはといえば、第2次橋本内閣が成立し、橋本首相が1996年11月29日に行った所信表明演説における「五大改革」の第一に挙げられた中央省庁再編を中核とする「国民本位の行政改革」の一環として成立したものなのです。

「経済財政諮問会議は、経済財政政策に関し、民間有識者の意見を政策形成に反映させつつ、内閣総理大臣がそのリーダーシップを十分発揮することを目的として、2001年1月6日、省庁再編とともに、内閣府に設置されたもの」なのです。具体的には、「○内閣総理大臣の諮問に応じて、経済全般の運営方針、財政運営の基本、予算編成の基本方針等、経済財政政策に関する重要な事項、○内閣総理大臣又は関係大臣の諮問に応じて、経済の全般の見地から政策の一貫性及び整合性を確保するため、全国総合開発計画その他の経済政策に関する重要な事項について調査審議し、答申・意見等を提出すること[64]」とされているものです。

具体的にその諮問会議のメンバーをみますと、まず内閣総理大臣を議長として、官房長官、関連担当大臣、日銀総裁が議員としてならびますが、そのほかの民間有識者として名を連ねるのは、財界人と経済学者のみなのです。国民本位の行政改革の一環としてこの経済財政諮問会議が設置されたというのなら、労働組合、中小企業家、農民、消費者などの様々な国民各層からの代表が諮問会議に議員として参加するべきでしょう。しかし、この諮問会議は、民間からは、財界人と経済学者のみですか

[64]　首相官邸ホームページより。

ら、極めて偏った構成といわなければならないのです。

したがって、この経済財政諮問会議が決定した「基本方針2001」の基本方針を見ても明らかなように、大企業・大金融機関など財界の利害から経済構造改革が提起されているのです。

まず、諮問会議は、〈新世紀維新が目指すもの――日本経済の再生のシナリオ〉において、日本経済が90年代に陥った停滞と「国民の経済社会の先行きに対する閉塞感」を指摘し、その原因を「日本の潜在力の発揮を妨げる規制・慣行や制度」に求め、その「改革」を呼びかけます。しかも、経済成長の源泉は、「知識と知恵」にあり、技術革新と「創造的破壊」を通して、人と資本を移動させ経済成長を生み出すとするのです。資源の移動は、「市場」と「競争」を通じて進んでいきますから、市場の障害物や成長を抑制するものを取り除くのが「構造改革」だというのです。

すべて、成長の源泉は自由な企業活動にあり、それを邪魔するものを取り除けば経済成長が行われるというまさに能天気な財界本位の「構造改革」ですし、米国ブッシュ政権の経済政策の基本を日本で実行しようとするものにほかなりません。「賢明な政府」によって、民間企業の限界を乗り越えて公共的な機関によって技術革新が進むというオバマ政権が考えるような側面は片鱗もないといってよいでしょう。

具体的には、この「基本方針2001」では、「今後2~3年を日本経済の集中調整期間と位置づけ、短期的には低い経済成長を甘受しなければならないが、その後は経済の脆弱性を克服し民需主導の経済成長が実現することを目指す」と述べています。こうした民需主導の経済戦略はのちに述べるように「改革」ありて、成長なしという事態となり、あったのは、一部大企業に内部留保が膨大に蓄積され、また株主への配当が優遇され、労働者の賃金が一向に上がらないという分配上の不平等が起こっただけの話なのです。米国ブッシュ政権の経済政策との協調という観点からは、日本に格差社会を創り出した「見事なもの」?だと言わざるを得ないでしょう。

■7つのプログラムで「小さな政府」

経済財政諮問会議は、次に掲げる7つのプログラムを提示します。

その第一は、民営化・規制改革プログラムでした。特殊法人などの見直し、民営化・補助金の削減、郵便事業の民営化、医療、介護、福祉、教育への競争原理・民間的発想の経営的手法の導入なのです。

第二が、チャレンジャー支援プログラム——個人、企業の潜在力の発揮でした。従来の預貯金中心の貯蓄優遇から株式投資などの投資優遇、起業・創業における税優遇措置、競争原理の整備がこれにあたります。

第三が、保険機能強化プログラムでした。わかりやすくて信頼される社会保障制度の実現ということで、社会保障番号制度、個人レベルで社会保障の給付と負担がわかるように情報提供を行う仕組みとして、「社会保障個人会計（仮称）」の構築などが提起されます。

第四が、知的資産倍増プログラムでした。知的財産を増加させるとの観点から、教育改革を進めるとしています。そのやり方は、機関補助に世界最高水準の大学をつくるための競争という観点を反映させるとしていますが、オバマ政権の教育改革のようにすべての人に等しく教育機会を促進するというものではなく、差別と選別の教育改革ということができるでしょう。

第五が、生活維新プログラムでした。男女共同参画の実現など、将来にわたってのびのびと働き生活できる社会を目指すとします。第六が、地方自立・活性化プログラムでした。地方の潜在力の発揮と称して、市町村の合併・再編を促進する。国庫補助金負担金の整理統合や地方交付金制度の見直し、あるいは地方行財政の効率化をうたいます。また、地域に密接した産業の活性化と称し、農林水産業の「構造改革」による食料自給率の向上が目指されます。しかし、これは地方行財政の効率化という名の地方切り捨てであり、仮に農林水産業への企業進出による「構造改革」を実行したところで、企業の儲けにはなっても食料自給率の向上に必ずしも結びつくかどうかはわかりません。

そして、第七が、財政「改革」プログラムでした。巨額な財政赤字を抱えているわが国の財政状況を改善し、21世紀にふさわしい、簡素で効率的な「小さな政府」をつくるため財政の「改革」に取り組むとしたのです。

小泉構造改革の目的とは、いうまでもなく、民営化・規制改革プログラムを執拗に追求し、公的事業・サービスを民営化し、歳出削減を通じて「小さな政府」を実現するといっていいでしょう。財政構造に関して小泉構造改革は、この課題とどのように取り組んだかについてまとめてみておくことにしましょう。

(3) 日本の財政赤字と小泉構造「改革」

■米国の圧力による公共投資がもたらした財政赤字の深刻化

日本の財政赤字は、いかにして深刻化したのでしょうか。1990年度における財政支出の国債依存度は、10・6%でした。また、GDPと比較した国債残高は、37・0%でしたから、1990年代に財政赤字がいかに急増したかがわかります。この点を歳出の面から眺めますと、「基本方針200

1970年度以降の長期債務残高の推移（国と地方の合計）

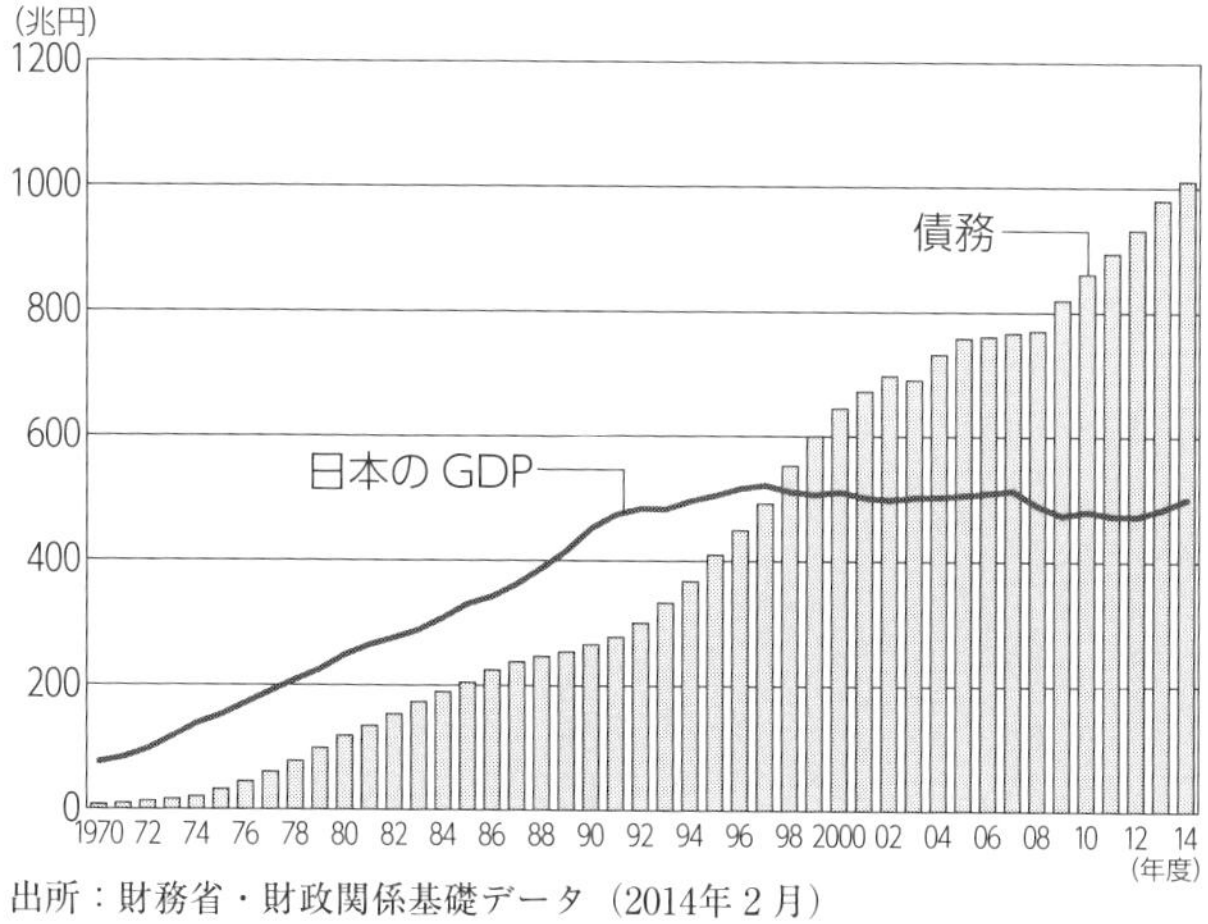

出所：財務省・財政関係基礎データ（2014年２月）

１」も述べていますように、公共投資のやりすぎが原因となっていることがわかります。「昨今、わが国の公共投資には『無駄がある』、『高コストである』、『止める仕組みがない』といった批判が多く寄せられている」と「基本方針２００１」においても率直にその問題を認めています。したがって、分野別の配分に硬直性をもたらしている特定財源などの見直し、たとえば道路などの「特定財源」について、その使途を硬直的に決定していることはやめることが必要ですし、公共事業関係の「計画」は、経済動向や財政事情を迅速に事業に反映させることが必要になることは明らかです。

しかし、この公共事業が、１９９０年代の日本の財政支出に構造化した要因の一つとして米国からの圧力によって、公共投資が促進されてきた面を見なければならないでしょう。１９９１年の日米構造問題協議において海部首相は、米国側に１９９１年度から２０００年度にかけて総額４３０兆円の公共投資を約束し、またその金額は、村山首相の時に６３０兆円に増額されたのです。この公共投資は日本の場合とくに土建業と結びつき、財政に寄生する建設業界の構造を創り出してしまったといえるでしょう。

米国から要求された公共投資には、対米不均衡を是正するという目的がありました。しかし、その目的を果たすには、財政支出による内需拡大が輸入拡大に結びつかなければ実現はできません。日本の場合、経済成長要因として依然として外需依存の傾向が強く1990年代においても対米不均衡は解消しません。結局、橋本内閣の96年、「財政構造改革」で示された路線は、消費税増税と福祉切り捨ての国民生活無視の政策ですから赤字財政克服には展望を示すことはできません。小渕内閣になって、また、国民生活向上とは無縁の一部大企業の内部留保の蓄積を促進させるバラマキ財政へと逆戻りすることになるのでした。

■「小さな政府」で財政赤字は深刻に

小泉構造改革における財政再建の基本路線は、歳出削減による「小さな政府論」であり、大企業優遇の減税政策でした。橋本内閣は、消費税増税と同時に勤労者の健康保険自己負担率を1割から2割に引き上げ、老人医療自己負担を増大させて国民負担増を実施しましたが、小泉氏は、一般会計の規模拡大を抑える一方、公共事業を3年連続削減するという措置をとります。この作戦は、明らかに失敗でした。経済活動の不振と同時に税収も上がらず、2003年度には、国債新規発行額は、36兆4450億円に上りました。財政支出の国債依存度は、あの「世界一の借金王」を自認した小渕首相、その時の42・1％を超える44・5％となってしまったのです。1990年度の国債依存度は10・6％でしたから、歳出削減政策が逆に財政赤字を深刻にしてしまったといえるでしょう。

政府の「景気動向指数」による景気循環分析が示したところでは、日本経済は、02年1月以来、二度の短期的な停滞期、いわゆる「踊場」をはさみながら、06年にいたるまで、長期の回復過程にあると判断します。この2000年代世界経済危機までの日本経済は、既述のように外需主導の輸出産業の好調さに支えられていたものでした。2006年11月での「いざなぎ景気」（1965～70年）を抜く長期の景気拡大というレポートは、『日経ビジネス』2006年12月25日・2007年1月1日合併号の指摘の通りなのですが、この景気高揚は、外需頼みであり、国民生活の豊かさから生み出された着実なＧＤＰの成長とは無縁の輸出大企業を基軸とする収益の増大から生み出された底の浅いものだったということができるでしょう。

大企業の経常利益を見れば、02年以降急激に増大しており、05年以降では、１９８０年代末のバブル絶頂期の2倍という増え方をしました。しかも、この経常利益から法人税などの税金を差し引いた純利益（当期利益）は、経常利益の増え方よりも一層大きくなっているのです。この要因の多くが１９９０年代以降の法人税率の引き下げによるものであり、様々な名目での企業減税によることは明らかなのです。

小泉「構造改革」は、この大企業優遇の路線をさらに急激に進めたもので、まさに大企業・大銀行のための「構造改革」だったといってよいでしょう。「官から民へ」というキャッチ・フレーズの真相は、実は「官から民間大企業へ」ということであったのです。たとえば、トヨタ自動車は、１９９０年から２００５年にかけて、経常利益を８３７８億９０００万円から1兆７５４６億３７００万円と２・１倍の伸びを示していますが、同じ時期の純利益は、４４１３億１０００万円から1兆１７１２億６０００万円と２・７倍の伸びを示しています。同様の算定を行うと、日産自動車が経常利益２・６倍に対して純利益４・４倍、ホンダが経常利益４・３倍に対して純利益６・０倍、キャノンが経常利益３・６倍に対して純利益５・６倍と軒並み純利益の伸び率が経常利益のそれを上回っているのです。

自民党政治の下、中曽根政権の新自由主義的経済「改革」が始まって以来、法人税の基本税率は相次いで引き下げられてきました。最高時には43・３％だった法人税率は、30％にまで引き下げられました。当時財務大臣だった谷垣禎一氏は、記者会見で次のように述べたそうです。「（法人税率が）30

％で（同税収が）13・3兆（円）ですから、これを40％にしますと、（同税収は）18兆（円）を多分超える」。つまり、当の財務大臣が、法人税率の引き下げで、約5兆円もの税収減を招いたことを認めているのです。[65]しかも、こうした大企業への減税と同時に、この巨額な利潤が株式配当などを通して、少数の富裕な資産家の所得になっています。証券市場の活性化などと称して、これら膨大な株式配当などキャピタル・ゲインへの増税も行われてはいません。

（4）財界の税制改革プランと小泉構造「改革」

■財界から消費税増税要求

ところで、小渕内閣時における財政支出の国債依存度を超えるという不名誉な事態を重く見た「基本方針２００３」では、「構造改革」の目標として、第一に経済の活性化、第二に国民の「安心」の確保、第三に将来世代に責任のもてる財政の確立の三つをあげ、現下の財政危機を打開することを大きな柱の一つとしたのですが、財界はこの時期、税制改革について独自の見解を出し始め、小泉構造「改革」の路線を応援し始めます。

03年1月、日本経済団体連合会（日本経団連）は、「活力と魅力あふれる日本をめざして」を発表、「社会保障給付の合理化と消費税率の段階的引き上げ」を主張したのです。また、同年、5月29日に発表した日本経団連の「近い将来の税制改革」についての意見書では、企業減税をしないと資本が海外へ移転し産業空洞化が起こると脅しをかけます。

「市場が世界的に統合され、グローバルな競争が激化するなかで、すべての企業は生き残りをかけて

[65]『しんぶん赤旗』2006年9月24日付。

いる。その中で租税と社会保障料を合わせた企業の公的負担の水準が、企業が世界立地戦略を決定するにあたり、重要なファクターとなってきた。世界的に法人税の引き下げ競争が始まっている現在、日本も法人実効税率を引き下げないと資本の海外移転を引き起こし、国内産業の空洞化がはじまる[66]」とします。

もっとも、小泉政権は、企業減税に積極的に取り組んでいましたから、財界もその点については、ほめることを忘れてはいません。「平成15年度税制改革では税制抜本的改革の初年度として、『多年度税制中立』の考え方に基づいて2兆円規模の先行減税が実施された。そのなかでまずは経済活力強化とデフレ脱却に焦点を絞って、研究開発・ＩＴ投資促進税制や、土地流通課税の軽減など、企業の税負担軽減が図られた点は大いに評価できる[67]」としているからです。

こうして、財界は、わが国の税制の根幹に消費税を置くべきであるとの見解を提示します。「企業・個人の所得に対する課税ではなく、消費に応じて広く負担を分かち合う仕組みである消費税を、わが国税制の根幹たる税制に拡充していくことが不可避であると考える」。また、税率アップの具体的数値と実施年度まで立ち入って提案し、小泉財政構造「改革」の基本路線を加速させようとするのでした。

「当面する2004年における基礎年金の公費負担の増加、高齢者医療、介護の財源として、消費税率を、第一段階として3％程度は引き上げるべきであり……国と地方の税源見直しをも考慮すれば、地方消費税を合わせた消費税率を遅くとも2007年度までには10％とすべきである[68]」。

消費税率アップをかたくなに拒否するポーズをとってきた小泉首相は、03年、日本共産党志位和夫委員長の追及に、「三年過ぎた後、将来を展望すれば、消費税、上げざるを得ない状況になる[69]」と初め

[66]　日本経済団体連合会「『近い将来の税制改革』についての意見書」2003年５月29日より。
[67]　同上参照。
[68]　同上参照。
[69]　『しんぶん赤旗』2003年10月12日付。

て消費税増税を明言したのです。小泉首相の志位氏に対する答弁は、ウソではありませんでした。「基本方針２００６」を見ることによって、小泉財政構造「改革」が、第1次安倍晋三内閣に引き継いだ「方針」を確認してみましょう。

■「改革」すれども成長なし

「基本方針２００６」は、06年7月7日に閣議決定されたものですが、「第3章財政健全化への取組」において、歳出・歳入一体改革に向かった取り組みを提起します。この取り組みとはどのようなものだったのでしょうか。まず、小泉構造改革の自己評価から見てみることにしましょう。

「基本方針２００６」では、これまでの成果を次のように総括しました。

「『経済財政運営と構造改革に関する基本方針』（以下、『基本方針』という。）の策定は五年前にスタートした。当時の非常に厳しい経済社会情勢にもかかわらず、政府は、財政出動に安易に頼る従来の経済運営の基本的な考え方を転換し、構造改革の断行に大胆に着手したのである。『改革なくして成長なし』、『官から民へ』、『国から地方へ』といった考えを『基本方針』の中軸に据え、対症療法から脱却し根本的な制度改革にまで踏み込んで政策運営をおこなってきた」と述べます。現実はしかし、改革すれどもＧＤＰの成長はありませんでしたし、あったのは既述のように大企業の営業利益の上昇と減税による純利益の急上昇だったのです。官から民ではなく、官から大企業・大銀行へという経済政策だったことも　明らかな事実なのですが、そんなことにはお構いなしに、財政状況については次のように述べます。

「財政状況については、国と地方の基礎的財政収支赤字は、２００２年度にはＧＤＰ比６％弱まで悪化したが、２００６年度までには半減し３％を下回る見込みである。構造改革は、マクロ的な経済パフォーマンスの観点から見れば明らかに大きな成果を生み出したのである」。まさに、小泉構造改革の手放しでの賛美なのです。

しかし、この「基本方針２００６」は、２００６年までの日本の景気高揚が、外需に支えられた底の浅いものであるとの認識がありません。本格的な成果を上げるには、大企業からきちんと税金を取り、株主へ膨大な配当を回さず、働く労働者へ賃金上昇という形でしっかり還元し、豊かな国民生活からの豊富な内需によってしっかりとした景気高揚が実現できていれば、リーマンショックによる外需消滅による影響も小さかったと思われるのですが、そういう考えはありません。あるのは、次期、安倍政権に消費税増税による財政再建の必要な根拠を示すことのみです。

いわく「我が国の財政状況を見ると国・地方合わせた長期債務残高が先進国中最悪の水準にあるなど極めて厳しい状況にあるのも事実である。これを放置すれば将来世代への負担の先送りという世代間格差の問題を深刻にさせ、また、財政の持続可能性に対する疑念の高まりが経済成長自体を阻害する恐れもある。早急にこの問題の解決に向けた国としての方針を内外に明らかにし、財政再建に向けた具体的な改革を着実に前進させていく必要がある」。

2　日本の民主党政権はなぜ短命だったのか
――何のための政権交代だったのか――

(1) 政権交代はなぜ起こったのか

■短命内閣の連続

小泉純一郎首相は、2006年9月22日、経済財政諮問会議で最後のあいさつを行い、安倍晋三氏に首相の座を明け渡します。2006年9月26日、国会は、自由民主党総裁、安倍晋三氏を内閣総理大臣に選出しました。その後安倍政権はどうなったのでしょうか。2007年7月29日、自由民主党は参議院選挙で大敗します。そのショックでしょうか、体調を崩した安倍総理大臣は、8月27日改造内閣を発足させますが、9月12日、突如首相官邸で記者会見を行い「本日、総理の職を辞するべく決意した」と内閣改造後1か月もたたないうちにさっさと辞任してしまいます。代わって、福田康夫氏が国会で首相に指名され9月25日新内閣を発足させますが、このかたも長続きしません。一年もたたない2008年8月1日改造内閣が発足したのも束の間、9月1日には、はや退陣表明となります。

その後、世界経済は急転直下、あの9月15日、米国投資銀行4番手のリーマン・ブラザーズの破綻が起こります。メリル・リンチは、バンク・オブ・アメリカに買収され、日本にも進出している大手保険会社AIGが倒産の危機に直面しますが、この金融機関の倒産の影響はあまりにも大きいと判断した米国連邦準備銀行などが最大850億ドルという巨額の融資の方針を決定し、かろうじて倒産を免れるという事態になります。

こうした、米国における金融危機真っただ中という9月24日、日本では福田内閣に代わり、麻生太郎内閣が発足するのでした。自由民主党の読みは、衆議院選挙を控えて、福田康夫氏では乗り切れないとみて、急きょ人気があるといわれた、吉田茂元首相の孫である麻生太郎氏を首相に起用したのです。危機が深まる中でぼろが出ないうちに早めに総選挙を実施していれば、何とか麻生人気で総選挙を乗り切れたかもしれないのを、総理大臣職が面白かったのか、仕事に忠実だったのか、この人、総選挙を延ばしに延ばし、2009年8月までやりません。

リーマンショックの影響は、日本でも深刻となり、とりわけ、2008年の暮れには派遣労働者の大量の首切りが起こり、既述のように、かつて聞いたこともない「年越し派遣村」が東京日比谷公園に設立され、民間ボランティアを中心に失業者救済対策が実施されます。総選挙が行われる前日、2009年8月28日には、7月の完全失業率5・7%が発表されます。選挙結果は、予想通りの自由民主党の大敗、民主党308議席確保で政権交代が実現したのです。

これに懲りたのか安倍首相、2014年11月、だれも予想しなかった時期に、突如衆議院を解散し、総選挙を実施したのですが、これは、内閣支持率が高く、まだアベノミクスの化けの皮がはがれないうちにそれを争点に据え、集団的自衛権の行使、秘密保護法の施行、原発再稼働などは一切選挙の争点にはせず、総選挙で勝利しようと考えたことから起こったのかもしれません。

いずれにしても、2009年8月の総選挙のときは、小泉政権を引き継いだ安倍首相、その後の福田首相といずれも短命政権でしたし、それを引き継いだ麻生太郎首相が、2008年9月15日のリーマンショックで落ち込んだ日本経済を立て直すことなどもちろんできなかったわけで、それに愛想をつかした国民が自民党に代わって民主党を選んだと解釈すれば、それはそれで、一応政権交代の説明にはなるのですが、ことの本質はどの辺にあったのでしょうか。

■橋本「改革」と小泉「改革」

それを理解するには、橋本「改革」と小泉構造「改革」が、日本経済にどのような結果を引き起こしたのかを論じることが不可欠なのです。実は、こうした新自由主義的構造改革を長期にわたって実施した国は、「世界広し」といえども日本だけだったといっていいでしょう。その結果、日本経済はどうなったのでしょうか。先進諸外国と比較してどうなったかについて、まずGDP成長率からみてみることとしましょう。

「改革なくして成長なし」という言葉は、小泉首相の「迷言」です。「自民党をぶっ壊す」という言葉で自民党総裁になり、総理の座を射止め、また「改革を止めるな」という言葉で衆議院を解散し、自民党圧倒的勝利の下で郵政民営化を実現するなど、小泉氏は、キャッチ・フレーズを創出することに長けた総理大臣でしたが、その実績には多くの疑問符がつけられなければなりません。なぜかといいますと日本の名目GDPは、1997年を100としますと、2007年、「いざなぎ景気以来の好景気」などといって大企業は膨大な利益を上げていたにもかかわらず、100であったからです。97年という年は、いうまでもなく橋本首相が「5つの改革」を提唱した1996年11月29日の翌年ですし、2007年といえば、小泉首相が退陣した翌年にあたります。

つまり、「改革あって成長なし」だったわけで、あったのは、大企業の大儲けと賃金の低落でした。

ほぼ500兆円程度の日本のGDPは、その後、リーマンショックを経て500兆円を切るしまつです。

諸外国を見てみましょう。同じ時期に、カナダは、100から173・3ですから73・3％の成長、米国は69・0％、イギリスは68・5％、フランスは49・5％、イタリアは47・4％、ドイツは27・7％と、それぞれ成長しているのです。

失業率はどうでしょうか。日本の完全失業率は、1994年に初めて3％を超えたのですが、その後98年には4％を超え、2001年夏には5％を超えるところまで上昇しますが、世界経済危機真っただ中のさらに09年7月には、ついに5・7％となってしまったのです。雇用者報酬、つまり名目賃金ですが、日本の場合、橋本改革、小泉構造改革を経て、長期的に低下が止まりません。1996年を100としますと09年ではついに90を割りました。同じ時期に、米国では、140を越えましたし、ドイツでは130程度、イギリスは160を超えています。フランスは、140程度に上昇しているのです。

■95年以来の連続的改悪

1995年ごろから日本経済では、雇用者報酬の下落と同時に起こった可処分所得の減少によって家計消費支出の減少が継続しているのですが、同時に、あれほど貯蓄性向が高かった日本の家計で貯蓄率の低下が起こっています。需要不足ですから消費者物価の下落がこれまた止まりません。いわゆるデフレという状況が続きました。物価が下落し、名目GDP成長率がほぼゼロ・パーセントですから、実質GDP成長率が名目GDP成長率を上回るという逆転現象が起こりました。

しかし、こうした事態の中で、大企業が、大幅な利益を上げ続けていることに注目しなければなりません。大企業・高額所得者への減税が、中曽根政権以来、継続的に実行されてきたからです。

1983年当時、所得税の最高税率は75%、しかしその後、98年時で50%、さらに40%となり、小泉政権下でも踏襲されました。法人税は最高時には43・3%でしたが、98~99年に引き下げられて30%、その後も引き下げられます（80ページ参照）。さらに、小泉内閣になってから証券優遇税制がとられ、2003年以降、株取引の所得には10%という大変低い税率の適用となったのです。証券市場の活性化というのがその理由ですが、株取引でたくさんの利益を上げるのは富裕層ですから、日本の格差構造を創り出すのにこの税制の果たした役割は極めて大きかったといえるでしょう。

しかも、研究開発減税、IT投資促進税制、連結納税制度の創設、欠損金の繰り越し期間の延長などなど、大企業への減税措置は至れり尽くせりで、ほぼ税金を支払っていない大企業が多く出ています。賃金下落傾向の中で、大企業の内部留保がいわゆる「うなぎのぼり」という状況なのです。

こうした、大企業・富裕層への富の集中を10年にも及ぶ橋本改革、小泉構造改革が創り出し、10年にも及び名目GDP成長ゼロという国民無視の政策がとられてきたのでした。

構造「改革」ありて成長なし、という日本経済をリーマンショックが襲ったのです。2003年以来景気が上向きになったことは既述の通りですが、大企業は、日本の内需に期待が持てず、欧米市場へ製品を多量に輸出していたのです。

小泉構造「改革」の一環として実施された、2004年派遣労働の製造業への解禁は、日本の労働市場を一変させ非正規労働者の激増で低賃金労働者層が増加し、国内消費が上向きにならなかったからです。豊かな国民が多くいることで内需は拡大するのですが、構造改革は、それとは逆の日本経済を創り出してしまったのです。

リーマンショックは、米国の内需を激減させ、日本企業の米国市場頼みは、打ち砕かれます。米国発金融危機の日本経済への影響は深刻でした。米国資本市場からは、ドルが引き上げられ、日本円が大量に買われたことで、急速な円高が起こりました。円高と、対米輸出量の大幅な減少で、トヨタ、日産はじめ輸出大企業の企業業績の悪化が引き起こされ、東京株式市場の株価の低下が起こります。派遣労働者や請負労働者の大量解雇が実施され、「年越し派遣村」がつくられるという、日本にはこれまでなかった深刻な事態が展開したことは既述の通りです。

まさに、リーマンショックをきっかけに、橋本「改革」、小泉構造「改革」によって、痛めつけられた日本の実態が明るみに晒されたといってよいでしょう。ここで、経済政策の一大転換が求められたのです。２００９年８月に行われた総選挙において、「国民の生活が第一」という民主党のキャッチ・フレーズが国民の心をとらえ、民主党の地滑り的大勝利となったのも偶然ではなかったのです。

（２）鳩山政権と「国民の生活が第一」

■内政・外交に改善の契機

２００９年９月９日、民主党、社民党、国民新党が連立政権に合意し、16日に鳩山由紀夫氏が特別国会で第93代首相に指名され、新内閣を発足させます。鳩山政権は、その年の12月30日に「新成長戦略（基本方針）～輝きある日本へ～」を閣議決定します。この新成長戦略は、国民や生活者の「需要創造」を重視する「第三の道」を目指すとしました。ここでは、今までの金融重視・規制緩和一辺倒の橋本「改革」や小泉構造「改革」の路線から大きく需要重視に転換させるかに見えました。本格的に国民の懐を温める税制や非正規雇用の正規化問題、最低賃金の上昇などに切り込めば、「失われた20年」などと言われた日本経済状況も一歩前進の方向に進めたかもしれません。環境・エネルギー分野で新規市場50兆円、新規雇用140万人、健康分野（医療・介護）で約45兆円の新規市場などなどが提起されたのです。

しかし、鳩山政権は、発足から1年もたたない2010年6月4日内閣を総辞職し、菅直人氏がその後を受けて総理に就任、民主党は社民党脱落の中で、国民新党と連立を組んで政権を維持するのですが、いったいそこに何があったのでしょうか。

それを解くカギは、鳩山首相の国連演説にあったと私は推理します。鳩山首相は、2009年9月24日、国連総会の演説で次のように言ったのです。

「第5は東アジア共同体の構築という挑戦です。今日、アジア太平洋地域に深くかかわらずして日本が発展する道はありません。『開かれた地域主義』の原則に立ちながら、この地域の安全保障上のリスクを減らし、経済的なダイナミズムを共有しあうことは、わが国にとっては、もちろんのこと、地域にとっても国際社会にとっても大きな利益になるでしょう。

これまで日本は、過去の誤った行動に起因する歴史的事情もあり、この地域で積極的役割を果たすことに躊躇がありました。新しい日本は、歴史を乗り越えてアジアの国々の『架け橋』となることを望んでいます。FTA、金融、通貨、エネルギー、環境、災害救援など——できる分野から、協力し合えるパートナー同士が一歩一歩、協力を積み重ねることの延長線上に、東アジア共同体が姿を現すことを期待しています」。

これは明らかに日本の政治経済路線の大きな転換表明でした。オバマ政権が、これを明らかに米国抜きの東アジア共同体形成につながる、日本の政治経済政策の転換ととったのは当然といえるでしょう。当の鳩山首相は、米国を排除するつもりはなかったといったそうですが、この演説が、米国による鳩山政権崩しに向かうきっかけになったことは容易に理解できることでした。

２００９年11月14日オバマ大統領は東京を訪れ、今まで踏ん切りをつけることのできなかったＴＰＰ交渉に米国が参加すると決断したことにそれは表れています。

■オバマの圧力

オバマ大統領自身は、ブッシュ前政権が２００８年、ＴＰＰ交渉に参加したことについて、そのまま踏襲するつもりはないとし、参加を決断しませんでした。大資本やアグリビジネスの利害から共和党の多くの議員は、ＴＰＰ参加をオバマ政権に要求してきますし、民主党の議員たちには、多くのＴＰＰ参加反対の立場をとる人がいるわけで、オバマ大統領自身反対の立場にあったことはよく知られている事実です。しかし、「このままでは、日本が米国離れをしてしまう、それではまずい」と考えた結果がオバマ大統領の東京でのＴＰＰ参加表明であったといえるでしょう。

オバマ大統領は次のように述べたのです。

「米国は、広範囲にわたる締約国が参加し、21世紀の通商協定にふさわしい高い水準を備えた地域合意を形成するという目標をもって、環太平洋戦略的経済連携協定（ＴＰＰ：Trans-Pacific Strategic Economic Partnership Agreement）諸国と関与していく」。

２０１０年2月に発表された『大統領経済報告』においても、「世界の貿易体制を改善するわが政権の措置の一例は、新しい地域協定（TPP）に太平洋地域の貿易国を加えようとする方法に見られる。それは、経済全体、労働者、中小企業、農業経営者に有利な方法で貿易を拡大するような高い規範を持つ協定となり、米国の価値観と一致するだろう[70]」と述べられました。

ところで、鳩山政権の直接的失敗は、普天間基地問題への対処にありました。第2次世界大戦で最も大きな被害を受け、戦後は長らく米国による占領下にあった沖縄の人たちは、本土復帰後も島の多くが米軍基地に取られるという屈辱的な生活を強いられてきました。米軍基地の県外移転は、当然の要求ですし、そもそも日米安全保障条約を解消すれば、問題は容易に解決するのです。

しかし、鳩山首相は、安保条約を解消する気持ちなど全くなく、民主党の選挙公約である普天間基地の県外移転をただやみくもに実行しようとしたのです。これでは成功するはずはありません。

そして結局鳩山首相は、「抑止力」というわけのわからない言葉で、普天間基地の県外移転ができないことを合理化しようとしたのです。いわく「学べば学ぶにつけて、沖縄に存在している米軍全体の中での海兵隊の役割を考えたとき、それがすべて連携をしている、その中で抑止力が維持できるという思いに至った。それを浅かったと言われればその通りかも知れない……連携の中での重要性を考えたときに、すべてを県外あるいは国外に出すという結論には、私の中でならなかった……[71]」。

せめて、鳩山首相は、安保条約第10条「廃棄条項」を使って、その解消がありうるという道を、国民に問うべきでした。氏が安保条約の解消など全く考えもしなかったとしても、解決の一つの道筋としてあることを国民に問えばよかったのです。なぜなら、第10条には、次のように書かれているからです。

「この条約が10年間効力を存続した後は、いずれの締約国も、他方の締約国に対しこの条約を終了さ

[70]　『2010米国経済白書』エコノミスト臨時増刊、毎日新聞社、2010年5月24日号、252ページ。
[71]　2010年5月4日夕刻、沖縄県名護市で記者団に。『朝日新聞』2010年5月7日付より。

せる意思を通告することができ、その場合には、この条約は、そのような通告が行われた後一年で終了する」。

２０１４年12月14日投票の総選挙において、沖縄では、普天間基地の名護市辺野古沖への移転に反対する「オール沖縄」候補が全員勝利、自民党の全面的敗北となりました。安保条約に関してすべての候補が、もちろん解消を主張しているわけではありませんが、この結果は、一致点に基づいた要求で基地存続の自民党を敗北に追いやった沖縄県民の良識の勝利といえそうです。

（3）民主党の財界よりへの変貌[72]

■新自由主義グループが実権

さて、既述のように鳩山内閣は２０１０年6月4日、総辞職、民主・国民新党の菅直人連立政権が発足することとなりました。社民党は、連立から離脱し、民主党のいわゆる市民派グループが党内で力を失うことになったのは当然でした。あれほど沖縄普天間基地の国外、あるいは県外移転を主張し、マニフェストに入れていたわけですから、米国とまともな交渉もせず、唯々諾々と米国に従った民主党は、沖縄県民を裏切ったのです。

よく知られていますように、鳩山政権を支えていたのは小沢一郎氏でした。小鳩政権などと揶揄されたことに象徴されますように両氏の関係は密接でしたが、鳩山由紀夫氏の退陣と菅政権の誕生は、党内バランスを大きく変えていきます。菅直人氏は、かつて市川房枝氏のカバン持ちであり、一応市民派グループの一員とみなす人もいるようです。しかし、沖縄普天間基地移転問題でミソをつけた市民

[72]　詳細は、拙著『TPP　第３の構造改革』かもがわ出版、2011年３月を参照。

派が、民主党の主流派になれるはずはありません。そして、鳩山氏の失脚で力を落とした小沢氏に、政治とカネの問題が浮上します。

小沢氏は、岩手は水沢の出身、江戸末期に開国問題で徳川幕府を批判し、蛮社の獄で牢につながれた蘭学者高野長英を尊敬する反骨精神豊かな庶民派感覚を持つユニークな政治家です。しかしながら、2011年1月31日、東京第五検察審議会の「起訴議決」を受けて検察官役に指定された弁護士は、小沢氏を政治資金規正法違反（虚偽記載）罪で東京地検に起訴するというところまでいってしまいました。

こうなるともはや、菅直人総理大臣をサポートするのは、前原外務大臣らの新自由主義グループだけということになります。民主党の新自由主義グループとは、まさに小泉構造「改革」路線の延長線上にある政策集団といっていいでしょう。財界と最もつながりの深い人たちでもあるのです。菅政権の発足は、新自由主義グループの支えのもとで展開したといっても過言ではないのです。

それが何より証拠には、総辞職した鳩山政権の後を受けて政権に就いた菅首相の下で2010年6月18日、閣議決定された『新成長戦略――「強い経済」「強い財政」「強い社会保障」の実現』は、その年の4月に経団連が作成した『豊かで活力のある国民生活をめざして~経団連成長戦略2010~』をそのまま引き写している代物なのです。『経団連の成長戦略』はおおよそ7つに分けられます。

（1）環境・エネルギー（2）健康大国戦略、（3）アジア経済戦略（4）観光立国・地域活性化戦略（5）科学・技術立国戦略（6）雇用・人材戦略（7）成長を阻止する規制の改革……です。

経団連は、これをほぼそのまま、菅政権誕生後のすぐの6月18日、新政権の『新成長戦略』に衣替えして閣議決定させることに成功するのです。

この戦略に民主党国会議員の総意が示されているわけではありません。経団連の『新成長戦略』が民主党のマニフェストと異なることは、みればすぐわかります。菅首相は、6月11日の第174回通常国会の所信表明演説では、鳩山前総理大臣と同じく「東アジア共同体」を構想すると明言していたのです。したがって、菅首相は、この『新成長戦略』をきちんと点検することなく、閣議決定してしまったとしか考えようがありません。

いずれにしても、菅政権の『新成長戦略』は、経団連の成長戦略とほぼ同じなのです。（1）グリーン・イノベーションによる環境・エネルギー大国戦略（2）ライフ・イノベーションによる健康大国戦略（3）アジア経済戦略（4）観光立国・地域活性化戦略（5）科学・技術・情報通信立国戦略（6）雇用・人材戦略（7）金融戦略となり、経団連の成長戦略と（1）から（6）までほぼ同じ、最後の（7）が違うだけなのです。どこを見渡しても、あの「国民の生活が第一」を実現しようとする項目はありません。賃金上昇・雇用の安定を図り需要をマクロ的に上昇させ、この10年来日本経済が陥っているデフレを解消させるという戦略は見当たりません。いずれも企業活動の活発化を目指したもの、つまり大企業の国際競争力の維持・強化をするために法人税を引き下げ、規制改革をさらに進めて、大企業が競争で有利に展開できるような戦略ばかりなのです。税の直間比率の見直し、高齢化社会に向けた自助努力、そして、消費税率の大幅なアップなのです。

しかも、鳩山由紀夫前総理大臣が、国連で演説した、「協力し合えるパートナー同士が一歩一歩、協力を積み重ねる延長線上に、東アジア共同体が姿を現すことを期待しています」などという対外政策は見当たらず、ＴＰＰからＦＴＡＡＰ（アジア太平洋自由貿易圏）という日米財界が考える多国籍活動の自由化を軸とする戦略が立てられているのです。

■国民の期待を裏切る暴走

菅首相は、この日米財界が敷いた経済政策路線を走り始めます。それが、2010年10月1日の所信表明演説でした。TPPを「明治維新、第二次世界大戦での敗戦に次ぐ第三の開国の機会にする」とし、その年の11月9日の閣議において「アジア太平洋自由貿易圏（FTAAP）は、我が国と切れ目のないアジア太平洋地域を形成していく上で重要な構想であり、取り分け本年はAPEC議長として、同構想の実現に向けた道筋をつけるため強いリーダーシップを発揮することが必要である」「FTAAPに向けた道筋の中で唯一交渉が開始している環太平洋パートナーシップ（TPP）については、その情報収集を進めながら対応していく必要があり、国内の環境整備を早急に進めるとともに、関係国との協議を開始する」[73]と決定したのです。こうして、菅首相は、公約違反のTPP路線へまっしぐらに突き進むのですが、当然、民主党内部から批判が続出します。

2011年2月には、ついに小沢派民主党16人の会派離脱の造反が起こり、菅直人政権は崖っぷち、いつ倒れてもおかしくない状況に追い込まれるのです。小沢派民主党16人会派離脱の造反にたいして、前原外相グループの新人議員が「首相のクビと引き換えに予算関連法案を通すしかない」と言ったと報道されたことがありましたが[74]、これはもうすでに菅直人政権が終わっていることを意味する以外の何物でもないでしょう。2011年3月11日東日本大震災の発生が、菅政権の少々の延命につながったことは事実ですが、菅政権崩壊によって、民主党内部の市民派グループの力はまさに表も裏も抹殺され、あとは、新自由主義グループの天下になります。しかし、それでは、あの政権交代は何だったのでしょうか。「国民の生活が第一」という民主党のキャッチ・フレーズはどこに行ってしまったのでしょうか。

[73]「包括的経済連携に関する基本方針」平成22年11月9日閣議決定より。
[74]『朝日新聞』2011年2月18日付。

（4）野田政権と「社会保障と税の一体改革」——ＴＰＰ参加、消費税増税政策への変貌——

■自民党の尻ぬぐいの悲劇

菅直人政権が小沢派の造反などでよろよろとなり、３・11東日本大震災の対応に追われているうち、民主党政権は、ほぼ前原氏らの新自由主義グループに主導権を奪われ、２０１１年９月２日には、野田佳彦政権が誕生します。案の定、野田総理大臣は、11月11日、ＡＰＥＣハワイ会談で、多くの国民の反対にもかかわらず、ＴＰＰ（環太平洋経済連携協定）について、「ＴＰＰ交渉参加に向けて関係国との協議に入る」と決めてしまいます。また、２０１２年１月６日社会保障改革本部を開催し、消費税率を２０１４年４月１日に８％、15年10月には10％に引き上げることを柱とする「社会保障と税の一体改革」の素案を正式に決定し、野田内閣は、３月30日消費税増税法案を衆議院に提出します。その後、民主党、自民党、公明党三党による修正協議が行われ、２０１２年６月21日には、三党合意によって、消費税増税法案は、６月26日衆議院通過、８月10日は参議院を通過し成立します。野田民主党政権は、自民党顔負けの財界寄りの政治姿勢なのですが、かつて、消費税が３％から５％に増税された時も増税を決定したのは、自民党ではありません。あのトンちゃんこと社会党党首村山富市氏が自民党と連立を組んで95年度の予算編成時に97年度から２％引き上げ５％にすることを内定したのです。消費税増税を決まったものとして実施するのは、きまって自民党なのです。

５％への引き上げを実施したのは、橋本龍太郎氏でしたが、案の定景気は落ち込み、おまけに97年

11月の北海道拓殖銀行の破綻、山一證券の自主廃業と金融危機の連続ですから、既述のように98年7月の参議院選挙で自民党大惨敗ということになりました。今回も、決定の音頭をとったのはやはり自民党ではなく民主党でした。そしてやはり、増税を規定通り実施したのは安倍自民党政権でした。

■「社会保障と税の一体改革」

しかしなぜ、このとき野田佳彦総理大臣は、消費税増税へと人気のない庶民いじめの政策へ突き進んだのでしょうか。それには、民主党政権下で検討が始められていた「社会保障と税の一体改革」について検討してみなければなりません。まず、ことのはじまりは、経団連が作成した『新成長戦略』に乗って、『国民の生活が第一』の路線から『財界の生活が第一』の路線に切り替えて走り始めた菅政権期にさかのぼります。２０１０年10月の菅内閣時に政府与党社会保障改革本部が設置されたからです。２０１０年12月14日に、菅内閣は、「社会保障改革の推進について」を閣議決定しますが、さらに２０１１年6月30日「社会保障・税一体改革成案」を政府与党社会保障改革検討本部が決定するに至り、野田政権にバトンタッチするのです。

その要旨を少々脚色して述べるとおおよそ次の通りです。

まずこの成案は、社会経済情勢の大きな変化の中で、社会保障改革の全体像を考えなければならない、と、まともなところから始まります。その社会経済情勢の大きな変化とは、何でしょうか。成案によれば、それは、非正規雇用が非常に多くなったことであり、したがって、国民の安心・安全のセーフティーネット機能が低下したことだといいます。また人口減と高齢化によって、社会保障費の増加があり、経済が低迷しデフレが長期化する中で、企業のセーフティーネットも低下したと危機感をあおります。

こうした状況下で私たちはどのように社会保障を考えればいいのでしょうか。

この成案によりますと、社会保障改革の基本は、自助・共助・公助だといいます。つまり、社会保障は、まず、政府に頼らず自前でやりなさいということなのです。自前でやるのを社会保障というのは、言葉の誤用だと思うのですが、「天は自ら助くる者を助く」というわけでしょうか、しかし、それがだめなら、共助つまり、お互い助け合っておやりなさいというわけです。それでもだめなら、公共による援助だということのようです。

しかも、政府にはお金がありませんから公共による援助だとは言っても給付は重点化し、効率化を図らねばならないことになります。さらに少子高齢化が進みますから、年寄りは我慢して若者に頼らず給付と負担の公平化を図らなければならないのです。そうした社会保障改革を行えば、財政は健全化し、経済成長が実現できるのだと成案はいいます。

そうした社会保障を実現するためには、安定した財源が必要です。したがって、税制の抜本的改革が必要で、「富裕者にも貧しい人にも公平に等しく課税される消費税」を主たる財源とすることが最も安定的な収入になり、2010年半ばまで段階的に引き上げて国地方を合わせて10%まで引き上げることが重要だと成案はいいます。個人所得課税では、所得控除の見直し、税率構造の改革が必要だとしますが、国際競争に勝たねばならない大企業の法人税率は引き下げが必要であり、資産課税では贈与税のこれまた軽減が必要になると言うのです。

こうした、社会保障と税の一体改革を着実に進め、政党助成金などにはいっさい手を付けず、民意が通りにくくなるように国会議員の定数を削減し、国民に奉仕する公務員の人件費の大幅削減を行い、行政改革による歳出の無駄を排除すれば、デフレ脱却は可能であり、経済成長との好循環を実現できると能天気なことを言っているのです。

この「社会保障と税の一体改革」は、どこが間違っているのでしょうか。

まず、社会保障と税の一体改革をしなければならなくなった社会経済情勢の大きな変化が、いままでの中曽根政権以来の新自由主義的構造改革によって引き起こされたことへまったく反省がないことです。これは、名前は同じ民主党でもオバマ政権が、レーガン政権以来の新自由主義的経済政策を批判し、そこからの脱却を提唱しているのとは対照的です。社会保障をそもそも自助、効率化の観点で考えるところがおかしいのです。

しかも、社会保障の充実を図ろうとするなら、中間層はじめ低所得者層に負担が大きくかかる消費税を税制の根本に据え、内部留保をしこたま溜め込み、実物投資にお金を回さずひたすら金融投資にうつつを抜かしている大企業に、さらに、法人税減税を行うなどということはまともな人なら考えつかないことなのです。

■「構造改革」で長期の経済低迷

非正規雇用の増大・セーフティーネット機能の低下・経済の低迷・デフレという今日の日本経済は、直接的には、1996年11月に提起された橋本改革以来の新自由主義的構造改革によって作り出されたものなのです。それを、少し歴史をたどって検証してみましょう。

1997年4月、消費税率が3%から5%へ増税となりました。さらにこれに追い打ちをかけるように、1998年5月「大規模小売店舗法[75]」が廃止されます。この廃止によって、日本全国において、

[75] **大規模小売店舗法**は、中小商店を守るため大型店の出店・拡大について面積、営業時間、年間休日等を、地域の実情に応じ調整していたが、1989年からの日米構造協議でアメリカが「自由な小売活動を規制している」と攻撃、97年に廃止を要求した。このため98年に廃止が決まり2000年に廃止、かわって「大店立地法」が成立したが実質的に規制は皆無になった。

地元の商店や地域住民の意向を無視して大型店が自由に進出することが可能となり、多くの地方都市において、いわゆる「シャッター通り」といわれる寂れた商店街が急増していきます。中小商店は大型店と価格競争において不利ですし、消費税が5%になったことで、中小業者が経営破綻に追い込まれるケースが続出します。中小商店の消滅が急増するのですが、流通業界に大企業支配が貫徹すると同時に、価格破壊などという言葉に象徴されるように、デフレ傾向が定着していきます。

１９９７年からリーマンショックを経て現在まで、日本は経済成長がありません。２０１３年度の名目ＧＤＰは４８３兆円、実質ＧＤＰ５３０兆という状況なのです。デフレ傾向が定着する中で、名目ＧＤＰが実質ＧＤＰを下回るという事態が続いています。

GDP 上位 3 か国の推移

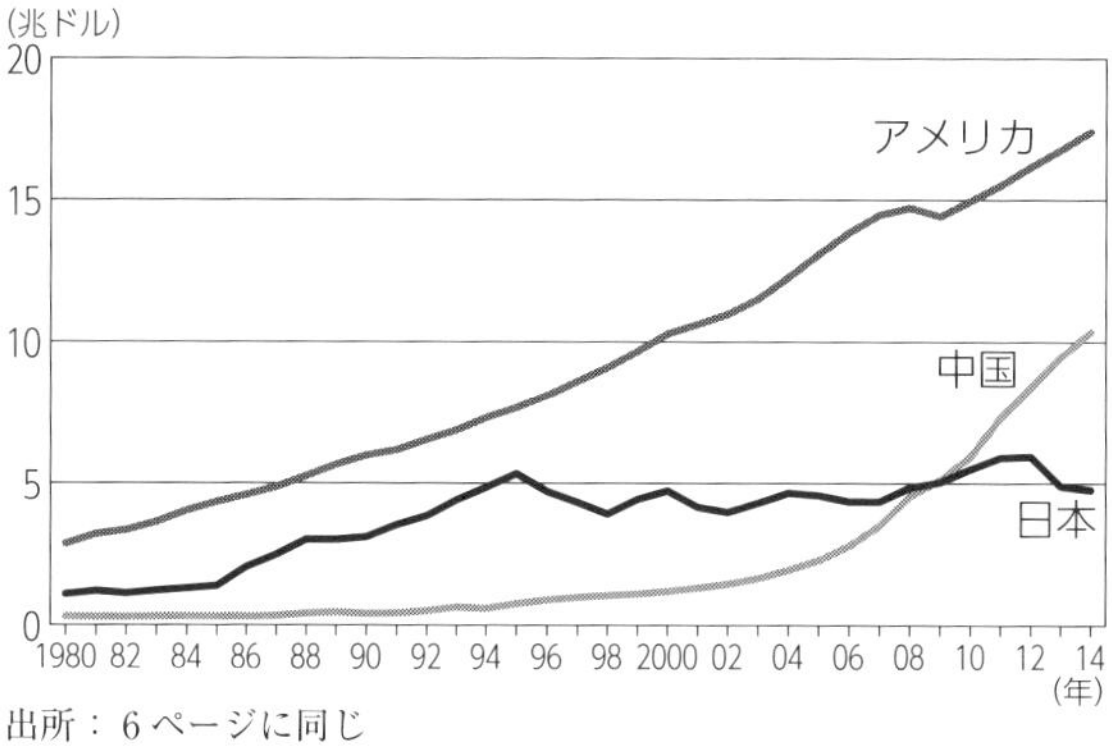

出所：６ページに同じ

個人所得税率は、１９７０年代に、最高限界税率は75%でしたが、それ以降下がりに下がり、現在40%になっています。法人税も現在30%のレベルに下がってきています［P80参照］。１９９８年には「日本版金融ビッグバン」が橋本龍太郎政権の下で行われ、日本の金融構造を米国型の直接金融方式つまり証券市場重視へもっていく政策がとられ、大企業の株式配当の急増と証券優遇税制によって、日本の富裕層に富が蓄積されていきます。

しかも、２００１年から開始された小泉構造「改革」では、財政緊縮政策がとられ、２００４年には、派遣労働が製造業にも解禁され、日本の労働市場で非正規雇用が激増し、労働者の3分の1は派遣労働者という事態が今日まで続いているのです。株式配当の上昇と同時に労働者の賃金の低下が止まりません。

資本金10億円以上の大企業の内部留保（利益剰余金・資本剰余金などで構成）は２０１０年度２６６兆円となり前年度比９兆円もの増加となっています。さらに、２０１４年では２８０兆円を超える水準にまでになっています。野田政権期の２０１２年度予算で基礎年金の財源２・４兆円を将来の消費税の増税で償還する「年金交付国債」の発行で賄うことが行われましたが、こんな金額は儲かっている大企業からきちんと法人税をとっていれば十分賄える金額なのです。労働者の平均賃金は、412万円へと10年前から50万円もの減少となっています。こうした橋本・小泉構造改革が、「改革なくして、成長なし」などといいながら実際、「増えるのは大企業の内部留保ばかりなり」の状況を創り出し、名目ＧＤＰ成長が伸びませんから、税収があがらず日本の国家財政は火の車という状況になっているのです。

リーマンショックを経て政権交代した民主党は、こうした、社会に格差を創り出し、名目ＧＤＰの着実な成長を実現しえなかった新自由主義的経済政策からの脱出を図るべきだったといえるでしょう。しかし日本の民主党は、さっさと橋本・小泉の構造改革路線に逆戻りし、庶民いじめの経済政策へとひた走りとなったわけなのです。

（５）ＴＰＰと自民党の巧妙な総選挙戦略

■「第3の構造改革」

そうした事態は、消費税増税の旗振り役を買い、２０１２年6月の三党合意で主導権を発揮した野田政権の政治姿勢に典型的に表れていますが、三党合意なのですから、自民党も公明党も同罪なはずです。２０１２年12月の総選挙では、しかし、民主党の惨敗は当たり前として、自民党の大勝利、公明党も尻にくっついて、安倍自公政権が成立、その下でアベノミクスの実践となったのですが、それはなぜなのでしょうか。その謎を解くカギはＴＰＰにありました。

ＴＰＰは、すでに述べましたように、２０１０年10月１日、菅首相の所信表明演説で日本国民に衝撃を与えました。このＴＰＰ路線は、その年の６月18日に決定された経団連作成の経済戦略に基づく『新成長戦略』における、ＴＰＰからＦＴＡＡＰ（アジア太平洋自由貿易圏：Free Trade Area and Pacific）、という対外経済政策に基づくものです。菅首相は、所信表明演説では、「第３の開国」という触れ込みでしたが、11月９日の閣議決定では、さらに一歩踏み込み「包括的経済連携協定に関する基本方針」で参加を２０１１年６月までに結論を出すとしました。けれども、２０１１年３月11日に東日本大震災が起こったことで一時棚上げにされていましたが、９月に野田首相に政権をバトンタッチするや急速に事態は進展し、11月11日のＡＰＥＣハワイ会議を前に、野田首相は、ＴＰＰへの参加表明を行います。

ＴＰＰへの参加を表明したということは、いったいどのような意味を持つのでしょうか。一言でいえば、ＴＰＰは、米日財界が画策する新自由主義的構造改革を国際的に進める地域的貿易協定であり、私はそれを橋本改革、小泉構造改革に続く「第３の構造改革」であると性格付けをおこなったのですが、具体的にどういう意味なのか、ここで少々詳しく見ておくことにいたしましょう。[76]

ＴＰＰ協定の基本的な考えは、アジア太平洋において水準の高い自由貿易を目指すことなのです。米国とオーストラリアや米国と韓国というように２国間での自由貿易協定は、現在世界にたくさんあ

[76]　TPP についてより詳しくは、拙著『TPP　第 3 の構造改革』かもがわ出版、2011年、同じく拙著『TPP　アメリカ発第 3 の構造改革』かもがわ出版、2013年を参照のこと。

りますが、TPPにおける貿易では、基本的に関税はゼロですし、したがって、いままでの2国間での自由貿易協定（FTA）をはるかに超えた水準の高い自由化が目標となります。しかもTPPは、FTAの基本的な構成要素である、物品・サービスの市場アクセスのみではなく、非関税分野（投資、競争、知的財産権、政府調達など）のルールつくりのほか、新しい分野（環境、労働、横断的課題など）を含む包括的協定として交渉されています。

かつて、世界の貿易は、GATTという協定によってルール作りが行われてきました。戦後1947年にできた協定でしたから、工業製品の貿易自由化が主とした目的で、繊維や農産品は、自由化の対象から外され、サービス貿易という概念もありませんでした。しかし、企業が多国籍化し、金融・保険などのサービス貿易が先進国経済にとって重要となってくるとおのずと貿易ルールの多様化が求められるようになります。こうして、1995年世界貿易機関（WTO）ができたのですが、多国間交渉ではなかなからちが明かず、先進国経済を牛耳る多国籍企業や金融機関は、地域的な交渉で彼らの利益を追求しようと地域での自由貿易協定に力を注ぐこととなります。

アジア太平洋地域での米国を基軸とする多国籍企業が求める貿易協定が、現在12か国のアジア太平洋諸国間で行われているTPP交渉なのです。もとはといえば、2006年にできたニュージーランド、シンガポール、ブルネイ、チリの4か国間で取り交わされたP4協定ですから、この協定の条文がもとで、さらに各国間で取り交わされている2国間FTAがもとになるといわれます。

市場アクセスに関しては「センシティブ品目については、原則として除外や再協議は認めない。長期の段階的関税撤廃」というきわめて自由度の高い協定なのです。センシティブ品目とは重要品目のことですが、日本では、米や麦、牛肉・豚肉、乳製品、サトウキビなど甘味資源作物の5品目を意味するといえばわかりやすいでしょう。したがって、こうした農産品がたとえ今のところは関税化されたとしても「長期の段階的関税撤廃」の対象となりますから、日本農業への壊滅的打撃は避けることはできません。

■日本の社会保険制度をくつがえす

さらにこのTPP協定では、サービス貿易の自由化を通じて、日本社会への影響は計り知れないものとなりましょう。たとえば、日本の医療では、1961年にできた国民皆保険制度の下ですべての人の健康が公的保険によって守られていますが、米国製薬会社や医療機関は、この分野を市場原理の貫徹せざる分野と見ており、日本の財界と共に、ライフイノベーションという合言葉のもとに、「構造改革」を実行することを考えているといえましょう。

政府調達の分野もTPP協定にとって重要なものとなります。公共事業も締約国に開かれなくてはならないのですが、地方政府もその対象となります。現在の世界貿易機関（WTO）体制下においても、政府調達は、加盟国に開かれなければなりませんが、その金額は高く、現在その対象となった公共事業はありませんが、TPPでは、地方公共事業の国際入札基準が下げられ、23億円から約7億円程度になるといわれます。こうなりますと、地域優先の発注方式などは、非関税障壁とみなされる恐れが十分あり、震災復興などで地元企業を優先して入札を行ってしまうと当然問題となります。

P4協定にはない、金融と投資の分野が自由化の対象になることは、言うまでもありません。現在米国の要求は、日本の金融システムの一層の自由化であり、締約国金融機関との同条件での競争を主張します。したがって、さまざまな、公的な優遇措置や保護については、撤廃を要求してくることを考えると、郵政の金融・保険や共済について、米国金融機関と同条件での競争システムの要求が出されることでしょう。

知的財産権にかかわる条文の一層の強化は、米国が望むところで、著作権の期間延長、特許の保護規定の拡張、医薬品の特許期間の延長が要求されることになるでしょう。推進派の日本企業は、これについては、米国と同じ立場で外国にたいして日本の知的財産権を守ることができるようになると判断しています。

衛生植物検疫処置と貿易の技術的障壁に関する条項もTPPにはあります。農産物の農薬残留基準が低すぎる。遺伝子組み換え使用・含有にたいして強制的表示義務はけしからんというのが米国アグリビジネスの要求ですし、米食料品メーカーは、日本における食品添加物の規制は強すぎるとしその、緩和を要求するでしょう。

■企業を政府の上におく

また、投資家対国家の紛争解決条項（ISD）という従来P4協定にはない条項の制定を多くのFTAに盛り込まれていると米国は主張し、現在のTPP交渉ではそれを通そうと考えています。ISD条項とは、不利益を被ったとする外国企業が現地の政府を相手取って損害賠償を請求できる仕組みのことですが、世界銀行国際投資紛争センター（ICSID）に提訴できる仕組みを米国が考えているようです。日本の多国籍企業も外国進出を考えますと積極的に賛成の姿勢をとっているようです。

いずれにしても、TPPへの参加は、農業者や医療関係者だけの問題ではありません。私も、これは、「第3の開国」ではなく「第3の構造改革」として、反対の論陣を張ってきましたが、国民的な反対運動も盛り上がってきたことは事実です。

安い農産物が大量に流入し、農産物が安くなれば、生活費が浮くから、それはそれで良いではないかという意見がありますが、それは、日本のデフレを助長し、結局賃金水準の更なる低下をもたらすことになるでしょう。賃金水準の基本は生活費にあるのです。財界の狙いの一つもそこにあるといえるでしょう。

19世紀のイギリスにおいて、１８４６年穀物法が撤廃されました。これによって、イギリスへは外国産の安い穀物が大量に輸入され、賃金水準が下がり、産業資本家が多くの利益を得ました。労働者には何も利益を得ることはなかったというのが歴史の教訓なのです。

もちろん、現代ではサービス貿易が中心となっています。サービス貿易は、政府が提供するサービス以外のすべてを網羅しますから、範囲は大変広くなっています。ＴＰＰは、多国籍企業が中心となっている日米財界が仕組む自由貿易協定ですから、大資本に大変有利にできているのです。企業数では90％以上は占める日本の中小企業やそこで働く労働者にとっては、メリットはないといえるでしょう。業務サービス、医療、通信、建設・エンジニアリング、流通、教育、金融、保険、観光・旅行、娯楽・文化・スポーツ・運輸など、多くの分野で、国境の取り払われた自由な資本と労働の移動によって、競争に勝ち残るのは、基本的には、大きい資本ということになります。

ＴＰＰでは、とくに政府調達分野が国際的競争にさらされることになります。入札において締約国企業へオープンにしなければ、それは非関税障壁とみなされます。さまざまな、分野での入札がその対象となり、建設・エンジニアリングなどは、常に外国企業との競争を意識しなければならないこととなるでしょう。

■自民党の国民だましうち

さて、こうしたＴＰＰ参加交渉に突き進む民主党に対して、自民党は巧妙にも「聖域なき関税撤廃のＴＰＰ参加に反対する」と公約を掲げて２０１２年12月に行われた総選挙に臨んだのです。また、自民党は、そのほかに政権公約として、第一に、自由貿易の理念に反する自動車などの工業製品の数値目標は受け入れない、第二に、国民皆保険制度は守る、第三に、食の安全安心の基準を守る、第四に、国の主権を損なうようなＩＳＤ（投資対国家紛争）条項は合意しない、第五に、政府調達・金融サービスなどは我が国の特性を踏まえる、という五項目を付け加え、総選挙に勝利したのです。

これら合計で六つの項目は、常識的に考えて、どこからみても「自民党は、民主党と違って、ＴＰＰへの日本の参加には反対なのだな～」という印象を選挙民に与えました。事実２００人を超える自民党公認の衆議院議員が「ＴＰＰ参加反対」を公約に掲げて当選したのです。

ところが、総選挙の翌年、２０１３年3月、突如安倍晋三首相は、記者会見し、日本のＴＰＰ交渉への参加を表明するに至ります。安倍首相は、記者会見の冒頭次のように発言しました。

「本日、ＴＰＰ／環太平洋パートナーシップ協定に向けた交渉に参加する決断をいたしました。その旨、交渉参加国に通知いたします。」

「今、地球表面の3分の1を占め、世界最大の海である太平洋がＴＰＰにより、一つの巨大な経済圏の内海になろうとしています。太平洋を取り囲む11か国が参加をしています。ＴＰＰ交渉には、ＴＰＰが目指すものは、太平洋を自由に、モノやサービス、投資などが行きかう海とすることです。世界経済の約3分の1を占める大きな経済圏が生まれつつあります。」

「今がラストチャンスです。この機会を逃すということは、すなわち、日本が世界のルール作りから取り残されることにほかなりません。『ＴＰＰがアジア・太平洋の世紀の幕開けとなった。』後世の歴史家はそう評価するに違いありません。アジア太平洋の世紀。その中心に日本は存在しなければなりません。ＴＰＰへの交渉参加はまさに国家百年の計であると私は信じます。残念ながら、ＴＰＰ交渉は既に開始から2年が経過しています。既に合意されたルールがあれば、遅れて参加した日本がそれをひっくり返すことが難しいのは、厳然たる事実です。残されている時間は決して長くありません。だからこそ、1日も早く交渉に参加しなければならないと私は考えました。日本は世界第3位の経済大国です。いったん交渉に参加すれば必ず重要なプレーヤーとして、新たなルールづくりをリードして行くことができると私は確信しております[77]」

既述のように、２００人を超える自民党公認の衆議院議員がＴＰＰ反対を掲げて当選したことを思いますと、それがまさしく自民党のねらい目であったわけです。だましといえばだましですが、だます政党も悪いが、それにひっかかる選挙民も悪いのだといえなくもないのです。

■広範な反対の世論

しかし、安倍首相のＴＰＰ交渉参加声明に対しては、当然ながら各界から「公約違反だ」という声が上がりました。とりわけ、ＴＰＰ参加で最も大きな影響が出ることが予想される全国農業協同組合中央会（ＪＡ全中）の萬歳章会長は、「全国の農業者とともに、強い憤りをもって抗議する」という声明を発表し、さらに次のように述べます。

「政府が、あくまで「聖域なき関税撤廃が前提ではない」という認識で交渉に入っていくのであれば、わが国の米、麦、牛肉・豚肉、乳製品、甘味資源作物等の農林水産物の重要品目をすべて除外又

[77]　「TPP 参加に関する安倍首相の記者会見」2013年３月15日、拙著『TPP　アメリカ発第３の構造改革』かもがわ出版、2013年、〈資料２〉88～90㌻。

は、再協議としなければ、わが国の国益は守れない。また、ＴＰＰは農業の問題だけではなく、ＩＳＤ、食の安全・安心、医療、保険など、国民生活に直結し、国家の主権を揺るがしかねない重大な問題を含んでいる。多くの国民が、そのような懸念を抱いているにもかかわらず、六項目にわたる政権公約は何ら担保されていない。そうした懸念は、すべて交渉の結果でしか払拭できないものであり、きわめて問題である」。

この２０１３年7月には、参議院選挙を控えていました。こうして、自民党は、米や麦、牛肉・豚肉、乳製品、サトウキビなど甘味資源作物の五品目についてＴＰＰ交渉の例外あつかいにすることを参議院選挙の公約に盛り込むこととなります。さらに、自民党のＴＰＰ対策委員会は、五品目について、「聖域の確保を最優先し、できないと判断した場合は、脱退も辞さない」と決断し、安倍首相に申し入れます。

しかし、既述の記者会見で首相は、共同通信の高橋記者の質問に次のように応答します。

記者「総理は、今、ＴＰＰの交渉参加を表明されて、その国益を守るという固い決意を述べられたわけですけれども、具体的に言いますと、米とか麦、牛肉、豚肉、乳製品、砂糖、こうした重要5品目と国民皆保険制度について、昨日も自民党がこれを聖域として最優先してほしいと、こういう要望をされています。総理としても、この聖域を守り抜くという決意があるかどうか、そして守れない場合は、交渉を離脱するという可能性もあるというお立場なのかどうか、まず一つお尋ねしたい」

安倍首相「まず、離脱するかどうかという御質問がございましたが、我々は国益を守って、それを中心に据えて交渉を進めていくわけでありますし、だからこそ交渉に参加いたしました。ですから、今ここで離脱するかどうかということを申し上げるのは、むしろ国益にも反するわけであって適切ではないと、このように思います[78]」

守れない場合はという質問をはぐらかして、今ここで交渉を離脱する不利益を語っているわけで、どうも脱退する気はないとみていいでしょう。まさにだましの一手がここでも使われているとしか言いようがありません。

[78]　同上『TPP　アメリカ発第３の構造改革』91～92㌻。

Chapter

IV

アベノミクスとは何か
―日米経済政策の比較検討からみえるもの―

1 第2次安倍晋三内閣の誕生とアベノミクス——3本の矢の設定は何を意味するか

■3本の矢

ところで、「聖域なき関税撤廃のＴＰＰ参加には反対する」という公約で、選挙民を欺き２０１２年12月の衆議院選挙を勝利した安倍自民党政権は、２０１３年７月の参議院選挙にターゲットを絞ります。それにはどのような経済政策が必要なのでしょうか。総選挙で勝利した安倍自民党総裁は、第２次安倍内閣を発足させ、さっそく２０１２年12月26日の記者会見において、「内閣の総力をあげて、大胆な金融政策、機動的な財政政策、民間投資を喚起する成長戦略、この3本の矢で経済政策を力強く進めて結果を出してまいります」と述べ、２０１３年年明け早々の1月７日には、内閣に「日本経済再生本部」を設置します。さらにその翌々日の９日には、財界から2人のメンバーを加えて「経済財政諮問会議」を開きます。また、８日の「再生本部」で「産業競争力会議」の設置を正式に決め、その初会合が23日に行われます。

こうした矢継ぎ早の経済政策の決定は、言うまでもなくその年２０１３年7月の参議院選挙に勝利するための策略に基づくものでした。

7月21日に行われた選挙の結果は、自民党・公明党の圧勝、民主党は惨敗、日本共産党は前進しましたが、自民党は公明党とあわせ参議院でも過半数を獲得し、「ねじれ」解消にまんまと成功しました。その意味では、「アベノミクスは大成功だった」といえましょう。

しかしどのようにして、そうした事態を生み出すことに安倍首相は成功したのでしょうか。いうまでもなく、それは、アベノミクスの短期政策にあったといえましょう。

■大胆な金融政策

第2次安倍政権の経済政策は、短期の経済政策として設定された、大胆な金融政策と機動的な財政政策という2本の矢ですが、緊急経済政策として2013年1月11日の閣議で決定されます。

機動的な財政政策は、国土強靭化法などに基づく13兆円の補正予算を組んで、大型公共事業のバラマキといわれるゆえんですが、大胆な金融政策は、政府が独断でできるものではありません。日本の金融政策は、日本銀行が執り行いますから、いうまでもなく日本銀行との政策協調が必要とされます。日本銀行の政策決定は、政策委員会・金融政策決定会合によって、行われますが、日銀法第3条によりますと、「日本銀行の通貨及び金融調節の自主性は、尊重されなければならない」とありますから、政府が圧力をかけて思いのままに牛耳ることは本来できないのです。しかし、このとき安倍政権からの圧力に抗しきれず日銀は、1月22日安倍首相の意向を尊重して、3点にわたる重大決定

「アベノミクス」の3本の矢

■大胆な金融政策

金融緩和、2％のインフレ目標、日銀の国債引き受け、マネタリーベースの拡大、円安への誘導。

■機動的な財政政策

国土強靭化法などに基づく

大型公共事業のバラマキなど

■成長戦略

「世界で一番企業が活動しやすい国づくり」をかかげて労働法制の改悪、医療・社会保障の市場化、エネルギーなどの市場化、「規制緩和」と「特区構想」大企業幹部を引き連れ外遊しトップセールス、インフラ輸出、原発輸出、武器輸出など

を行います。

第一は、物価安定目標の導入です。「従来は、『中長期的な物価安定の目標』として、『消費者物価の前年比上昇率で2％以下のプラス成長の領域、当面は1％を目途』としていました。今回、『目途』から『目標』という表現に代えたうえで、その目標を消費者物価の前年比上昇率で2％とした」のでした。

第二は、期限の定めない資産買入れ方式の導入でした。「日本銀行は、上記の物価安定の実現をめざし、実質的なゼロ金利政策と金融資産の買い入れ等の措置を、それぞれ必要と判断される時点まで継続することを通じて、強力に金融緩和を推進する。その際、資産買入れ等の基金の運営について、現行方式での買い入れが完了した後、2014年初から、期限を定めず毎月一定額の金融資産を買い入れる方式を導入し、当分の間、毎月、長期国債2兆円程度を含む13兆円程度の金融資産の買い入れを行う。これにより、基金の残高は2014年中に10兆円程度増加し、それ以降残高は維持されると見込まれる」としました。

そして第三が、政府と・日本銀行の共同声明でしたが、日本銀行の確認事項としては、「日本銀行は、今後、日本経済の競争力と成長力の強化に向けた幅広い主体の取組の進展に伴い持続可能な物価の安定と整合的な物価上昇率が高まっていくと認識している。この認識に立って、日本銀行は、物価安定の目標を消費者物価の前年比上昇率で2％とする。

日本銀行は、上記の物価安定の目標の下、金融緩和を推進し、これをできるだけ早期に実現することを目指す。その際、日本銀行は、金融政策の効果波及には相応の時間を要することを踏まえ、金融面での不均衡の蓄積〔たとえばバブルの萌芽の蓄積〕を含めたリスク要因を点検し、経済の持続的な成長を確保する観点から、問題が生じていないかどうかを確認していく」とします。

また政府確認事項としては、「政府は、我が国経済の再生のため、機動的なマクロ経済政策運営に努めるとともに、日本経済再生本部の下、革新的研究開発への集中投入、イノベーション基盤の強化、大胆な規制・制度改革、税制の活用などの思い切った政策を総動員し、経済構造の変革を図るなど、日本経済の競争力と成長力の強化に向けた取組を具体化し、これを強力に推進する。

また、政府は、日本銀行との連携強化にあたり、財政運営に対する信認を確保する観点から、持続可能な財政構造を確立するための取組を着実に推進する」としました[79]。

■日銀総裁の首をすげかえる

日本銀行総裁は、当時白川方明氏でした。白川氏は、日本銀行が消費者物価上昇率を目標とすることに反対でした。目標としますと、それが達成されるまで日本銀行は、資産買入れを継続しなければなりません。1999年以来中断をはさみながら日本銀行は、資金を市中の商業銀行にどんどん注入する政策を続けてきたのです。しかし、景気が回復し、デフレを脱却できるという状況にはありませんでした。

白川氏自身がこうした政策でデフレを解消できるとは思っていなかったというのが真相です。白川氏は、既に2012年2月17日、金融の追加的緩和政策の決定後、次のように強調したそうです。

「わが国の企業経営者の皆さんに直面する経営上の問題を聞いてみても、手元流動性が不足しているという声はほとんど聞かれません。仕事の量あるいは需要そのものが不足していることを訴える方が多いのが実情です[80]」。

[79]　建部正義著『21世紀型世界経済危機と金融政策』新日本出版社、2013年、172～173㌻。
[80]　山田俊英『しんぶん赤旗』2012年２月29日付。

つまり、いくら日本銀行が金融緩和政策をとって、資金を市中の商業銀行に回したとしても実需が伴わなければ経済活動は活発化しないという自明の真理を日本銀行の総裁として述べたということなのです。

白川氏の総裁としての任期は、２０１３年4月8日まででした。けれども、彼は、2月5日に、前倒しで辞任することを表明し、3月19日、2名の副総裁と同時に辞任することとなりました。後任には、安倍晋三総理大臣の考えに沿える人ということで、黒田東彦アジア開発銀行総裁が選任されたことはよく知られた事実です。

■「異次元の金融緩和政策」

黒田氏は、3月21日に日銀総裁に就任します。そして、4月4日の政策決定会合で、あの「異次元の金融緩和政策」を発表します。これは、アベノミクスの金融政策の実施ということになりますが、その第一は、2年間で消費者物価上昇率2％を達成することでした。第二が、期限を定めず、日銀による資産買入れを実行することでした。

ここであえて「異次元の金融緩和政策」という意味が明らかになるのですが、それは、従来日銀がやってこなかった、長期国債をも買い入れの対象とし、国債購入量を日本銀行券発行残高の枠内に収めることを中止し、目標が達成できるまで買い続けるというものです。

具体的には、マネタリーベース（日銀券＋金融機関の日銀預け金）を年間70兆円増加させ、12年末１３１兆円を13年末までに２００兆円とし、14年末には２７０兆円にすると表明しました。国債買い入れ額は、12年末まで89兆円、13年末には、１４０兆円、14年末までには、１９０兆円にするというのです。

このアベノミクスの金融政策は、まぎれもなく標準的な新古典派理論[81]に基づくものといっていいでしょう。この理論によりますと、中央銀行がマネタリーベースを管理し、要求払い預金や銀行融資の量を効果的に制御するというのです。つまり、中央銀行が設定するマネタリーベース量が、銀行の預金準備率の違いによって変化する貨幣乗数の働きによってマネーストック量（日銀券＋企業・家計の市中銀行預金のことで、マネーサプライすなわち貨幣供給量ともいう）を決定するという考えですから、日銀がマネタリーベースを供給し続けますと貨幣乗数の働きでマネーストック量が増えます。マネーストック量が増えますと貨幣の流通速度が上昇し、また、流通に投げ込まれる物量がそれらを相殺するほどに増えなければ、物価が上昇するという理屈です[82]。

しかし現実社会では、そういう理屈で物価は上昇しません。

マネタリーベースの増加

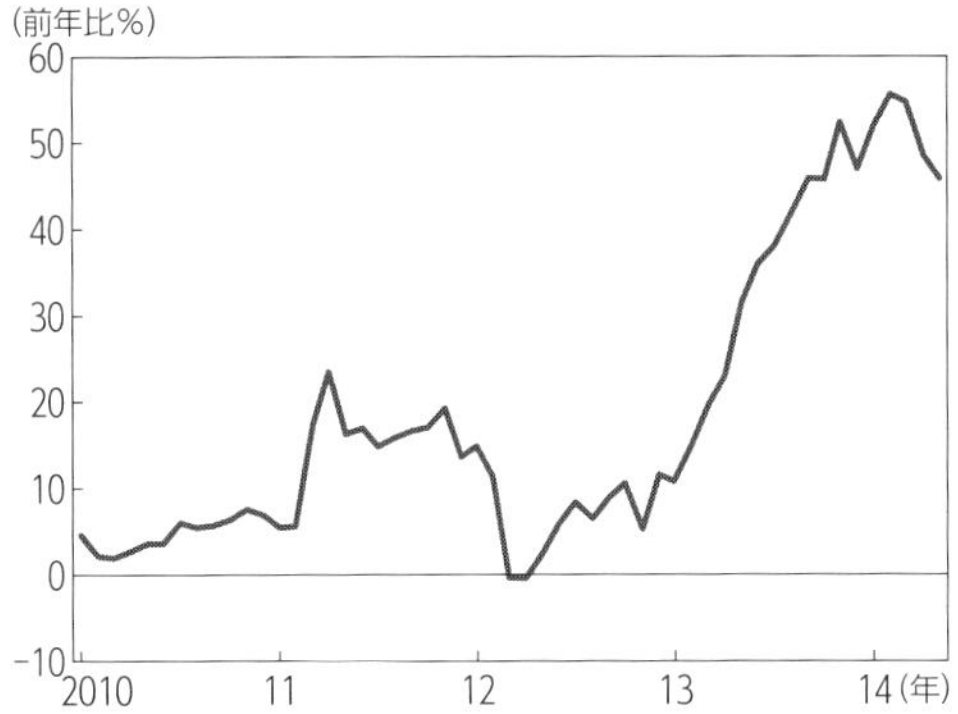

出所：内閣府『平成26年度年次経済財政報告』

---

[81]　標準的新古典派理論とは、リカード以来の貨幣数量説にもとづくものであり、また外生的貨幣供給説ともいわれます。

[82]　**マネタリーベースと物価**

この関係を少々理屈っぽくなりますが示しますと以下のようになります。

M をマネーストック　h_m を貨幣乗数　H をマネタリーベースとします。

マネタリーベースは、銀行以外の民間が所有する現金通貨（CC）と銀行の保有する準備通貨（RR）から構成されます。一方、マネーストックは、CC と預金通貨（DP）から構成されますので、次式が成り立ちます。

$$M=\frac{CC+DP}{CC+RR}H=\frac{CC/DP+1}{CC/DP+RR/DP}H \quad h_m=\frac{CC/DP+1}{CC/DP+RR/DP}>1 \quad \because 0<RR/DP<1$$

したがって $M=h_mH$ となり、マネタリーベースに１より大きい貨幣乗数が掛けられ、貨幣乗数は、銀行の預金準備率（RR/DP）が小さければ小さいほど大きくなりますから、マネーストック（M）は大きくなります。

貨幣数量説に従ってマネーストックと価格の関係を数式で表しますと次のようになります。$M=\frac{P\times Q}{V}$　P は価格水準　Q は流通に投げ込まれる物量　V は、貨幣の流通速度なので、$\Delta P/P=\Delta M/M+\Delta V/V-\Delta Q/Q$ が成立します。この式ですと、マネーストックが増大し、貨幣の流通速度も上昇し、それを相殺する程度に流通に投げ込まれる物量が増大しない限り物価は上昇することになります。

実体経済の取引量（Q）は有効需要の創出や様々な事情によって増大したり減少したり、また物価（P）も商品市場の需給関係、製造コスト、為替関係等により動くことになります。もし、実体経済のマクロの取引額（P×Q）が増大した場合、貨幣の流通速度（V）がその増大を相殺するほど増加しなければ、必要なマネーストック（M）が増大し、その結果、マネタリーベース（H）も増大するということが現実に起こる理論的筋道なのです。[83] したがって、実体経済の活発化を図ることによって商品取引量（Q）とともに消費者物価（P）を上昇させることが可能となり、マクロ的に言いますと名目GDP、実質GDPともに上昇させることになるのです。

「異次元の金融緩和政策」によって実際に起こったことは、経済活動の活発化とともにGDPが名目・実質ともに大きく上昇したということではなく、金融緩和が導くインフレ期待からする、株価の急騰と円安傾向の定着でした。リーマンショック以降、円高の定着による輸出企業への為替差損の発生があったことを考えると、この円安が輸出大企業へ膨大な為替差益を発生させ、こうした企業を軸とする株式価格の急騰が起こったことは、特筆されてよいでしょう。

しかし、内需に依存する中小企業などでは円安による輸入物価の上昇によって逆に経営難が引き起こされましたし、石油価格など輸入物価の上昇は、消費者にとっても大きな痛手となりました。２０１２年９月24日における１ドル＝77・57円が最近の円高の最高値でしたし、同年11月13日の日経平均８６６１・05円が最近の株価の底値でした。確かに２０１２年12月16日の総選挙で自民党が圧勝し、第２次安倍政権が発足した12月26日以降、円安と株価の上昇は、アベノミクスの幻想効果も働き、一

ドル・円レートの推移（2005～2015年）

出所：日本銀行ホームページ

[83]　この辺の理論的説明は、拙著『世界経済と企業行動』大月書店、2005年、238～243ページ。

時的な攪乱現象があったとしても、傾向的に続きます。参議院選で自公圧勝時点の２０１３年７月21日では、１ドル＝１００・34円の円安、株価は日経平均で１万４千５８９・91円まで上昇しました。株価上昇は、富裕層に一層の富の蓄積をもたらしましたし、円安もまたそれを応援したといってよいでしょう。

■公共事業バラマキ政策

アベノミクスの第２の矢が２０１２年１月11日に閣議決定された「緊急経済対策」であったことは既述の通りですが、この「機動的な財政政策」の意味するものはいったい何だったのでしょうか。一説には、10年ぶりのこの公共事業バラマキ政策をケインズ政策だとする向きもあるようですが、それは違います。既に米国の経済政策を論じたところでいいましたが、緊急の財政支出政策は、ケインズの専売特許ではありません。新古典派だろうがマネタリストだろうが、必要な時はいつでも緊急の財政支出を行うものなのです。

たとえば、レーガノミクスの実践の時がそれを示しています。レーガン政権は、インフレ抑制のため極めてタイトな金融政策によって戦後最大の経済恐慌を引き起こします。しかし、すぐさま金融緩和に転じ、財政支出の拡大政策へと変身します。これをレスター・サロー（アメリカの経済学者）は、当時次のように評価したものでした。「レーガン政権はケインズ主義者に生まれ変わり、金融緩和や大減税、政府支出の増大や赤字財政へと宗旨替えした。レーガン大統領は最初の任期の半ばまできて、それまで絶えず非難してきた政策を、そのまま採用したのである」[84]。

レーガン政権の場合、確かに軍需に基づく財政支出拡大政策とともに減税がありましたから、レス

[84]　Lester C. Thurow, *The Zero-Sum Solution: Building a World-Class American Economy*, Simon & Schster, New York, 1985, p.22.〔金森久雄監訳『ゼロ・サム社会　解決編』東洋経済新報社、1986年、６㌻〕。

ター・サローは、「レーガン政権はケインズ主義者に生まれ変わり」という表現をしたのかもしれません。しかしこの減税は、のちにブッシュ・ジュニア政権に引き継がれる、高額所得者にも低額所得者にも等しく減税される、減税ですから、応能負担を原則とするケインズ税制とは異なります。ましてや、このアベノミクスによる「機動的な財政政策」の後には、消費税増税8％がすでに決定済みですから、ケインズ政策に基づく財政政策でないことは一目瞭然です。

ついでに言っておきますと、こういう規定の仕方は、国有化をすればなんでも社会主義だとする議論とよく似ています。アベノミクスは、明確にレーガノミクスを引き継ぐ新自由主義的経済政策であり、「機動的な財政政策」は、7月の参議院選挙を乗り切るための一時的な景気浮揚を狙った姑息な手段だとしか言いようがありません。友寄英隆氏は鋭く次のように言っています。「13・1兆円も補正予算で財政支出をすれば、一時的にGDPを押し上げる効果があることは当然です。ちなみに、13・1兆円は規模としては、GDP（約517兆円、2012年第Ⅲ期年率）の2・5％にあたります。こうした財政出動による成長率の押し上げは一過性のものです[85]」。

2　アベノミクスの中長期戦略
――日本企業の多国籍化を促進する政策――

■能天気なアベノミクス自己評価

まず、政府自身による直近のアベノミクス評価を見ておくことにしましょう。平成26年6月24日（2

[85]　友寄英隆著『「アベノミクス」の陥穽』かもがわ出版、2013年、39ページ。

０１４年６月24日）に発表された『経済財政運営と改革の基本方針２０１４～デフレから好循環拡大へ～』と題された文書は、アベノミクスの成果と今後の方針を次のように総括しています。

「日本銀行は「量的・質的金融緩和」を推進し、政府は、10兆円規模の経済対策を着実に実施するとともに、民間投資を喚起することを狙いとする「日本再興戦略」を策定し、「産業競争力の強化に関する実行計画」等により、具体化を図ってきた。さらに、昨年10月に８％への消費税引き上げを判断する際には、景気の下振れリスクへの対応策等のため、１兆円規模の税制措置と５兆円規模の新たな経済対策などを内容とする「経済政策パッケージ」を策定した。これを受けた「好循環実現のための経済対策」を具体化する平成25年度補正予算と、平成26年度当初予算において実施率目標を設定し、早期執行に取り組んでいる。

我が国経済は、こうした三本の矢の効果もあって、実質ＧＤＰは６四半期連続のプラス成長となった。この間、企業の業況判断は中小企業を含め幅広く改善し、設備投資も増加が続いている。地域的に見ても、全ての地域で景況が大幅に改善している。雇用情勢は新規求人倍率が約７年ぶりに１・６倍台に達し、失業率は３％台半ばに低下するなど着実に改善している。このように日本経済は力強さを取り戻しつつある。物価動向も、もはやデフレ状況ではなく、デフレ脱却に向けて着実に前進している[86]」。

まさに能天気なアベノミクスに対する自己評価ですが、現実は、短期の選挙目当ての金融財政政策のモルヒネ効果が薄れ、２０１４年４月の消費税８％への増税効果がボディーブローのごとく日本経済の働く人々へ効いてきます。

実質賃金は、何とか２０１３年６月までは、若干ながらも上向きでしたが、７月以降、２０１４年

[86]　『経済財政運営と改革の基本方針2014～デフレから好循環拡大へ～』2014年６月24日、１ページ。

11月まで15か月間下がりっぱなしです。しかも、モルヒネ効果で2014年第1四半期までプラス成長を何とか維持していた実質GDPが、9月8日、第2四半期4月から6月にかけて、年率でマイナス7・1%という深刻な事態が発表されます。

安倍政権は、これは、4月からの消費税8%への増税による一時的な落ち込みであると高をくくっていましたが、事態が一向に改善されない状況をみて、2015年10月の消費税10%への増税を先延ばしすることを考え始めますが、同時に衆議院を解散して、アベノミクスの正体がわからないうちどさくさに紛れて「アベノミクスへの信を問う」解散を思いつきます。

日本銀行は、必死に消費税10%増税への決断を支えるべく、10月31日、追加金融緩和策を打ち出し、実行に移します。このモルヒネ効果は、円の急落、株価の急騰をもたらし、日本の富裕層へ莫大な収益をもたらしますが、肝心の実質賃金や実質GDPは、一向に上向きにはなりません。

安倍首相は、2014年第3四半期（7月〜9月）のGDP成長率を見て消費税増税時期を判断するとし、11月17日GDP実質成長率年率で1・6%のマイナスという発表を受け、消費税増税10%の時期を2017年4月に延期することを決断しますが、11月21日には、衆議院を解散し、総選挙となったことは、本書冒頭で指摘した通りです。

■「第3の矢」に国民経済はない

ところで、こうした第1の矢、第2の矢という短期モルヒネ効果をもたらしたアベノミクスに続く第3の矢は、どのようなものなのでしょうか。この第3の矢については、まず2013年6月14日に閣議決定した『日本再興戦略』を見なければなりませんし、さらにそれを改訂し、2014年6月24

日に発表された『「日本再興戦略」改訂2014―未来への挑戦―』を検討しなければなりません。

この日本再興戦略は、大きく第Ⅰ・総論と、第Ⅱ・3つのアクションプランの二つの部分から成り立っています。いうまでもなく、中心部分は第Ⅱの3つのアクションプランになりますが、この3つのアクションプランとは、第一が、日本産業再興プラン、第二が戦略市場創造プラン、第三が国際戦略になります。

この第3の矢は、日本経済の中長期的政策を論じるのですが、国民経済という概念がなく、日本企業をいかにもうけさせるのかが政府の中長期的課題なのだということを強く打ち出していることが特徴になります。この中長期戦略は、産業競争力会議が作成したものですが議員として名を連ねるのは、安倍晋三総理大臣以下担当各大臣であることは当たり前として、民間議員の多くは大会社の会長やCEOなのです。小泉構造改革の時に辣腕をふるった竹中平蔵氏が議員として名を連ねていることも銘記しておくべきでしょう。

したがって、日本再興戦略は、企業がいかにもうけるかがテーマとなります。2014年6月の改訂版では、それがさらに露骨に出てきます。改訂戦略における鍵となる施策として、日本の「稼ぐ力」を取り戻すとしているのです。しかもその中心は、日本の90％以上を占める中小企業の「稼ぐ力」をどうするかではなく、グローバルな市場で稼ぐ大企業の競争力ばかりを問題として、コーポレートガバナンスの強化やらベンチャーの加速化などが鍵とされます。国を変えるといって、国際的な立地競争力を高める必要から「岩盤規制」へ穴を開けろとか、TPPのみならず経済連携交渉を加速化し、モノ・サービス・投資の国境を越えた移動の障害を取り除けと叫んでいるのです[87]。

[87]　『「日本再興戦略」改訂2014―未来への挑戦―』2014年６月24日、4〜7ページ。

（1）戦略市場創造の4つのテーマ

アベノミクスの中長期的戦略とは、多国籍企業をいかにしてサポートし、「稼がせる」かがテーマとなっているといえるでしょう。それを具体的に表しているのが、『日本再興戦略』における第二の戦略市場創造プランでしょう。ここでは、4つをテーマ別に提示しているのですが、いずれも企業の国際化が絡んだ市場創造プランなのが特徴です。なぜなら、ここでは次のように言っているからなのです。

「世界や我が国が直面している社会課題のうち、「日本が国際的に強み」を持ち、「グローバル市場の成長が期待」でき、「一定の戦略分野が見込めるテーマ」として、以下の4つのテーマを選定し、集中改革期間経過後の「2020年」、中長期的な政策の観点から「2030年」を時間軸とし、研究開発から規制緩和に至るまで政策資源を一気通貫で集中投入するための「ロードマップ」を策定する[88]」。

4つのテーマとは、国民の「健康寿命」の延伸、クリーンかつ経済的なエネルギー需給の実現、安全・便利で経済的な次世代インフラの構築、世界を惹きつける地域資源で稼ぐ地域社会の実現です。

■①　医療を儲けの対象に

第1のテーマは、言うまでもなく、健康・医薬品・医療機器などのヘルスケア分野になります。日本の医療システムは、1961年から公的な国民皆保険制度によって運営されてきました。したがって、医療分野は、企業の儲けの対象としてはならない分野ですから、たとえば病院の株式会社化は許されてはこなかったのです。しかしながら、21世紀の稼ぎ、成長の分野を求める日本再興戦略では、医療分

[88]　内閣官房日本経済再生総合事務局編『日本再興戦略』一般財団法人経済産業調査会、2013年、101㌻。

野が恰好の儲けの対象となるのです。「医療関連産業の活性化により、必要な世界最先端の医療等が受けられる社会」を目指す成長戦略は、したがって、まず手始めに、一般医療薬品のインターネット販売を可能とし、「保険診療と保険外の安全な先進医療を幅広く併用して受けられるようにするため、新たに外部機関等による専門評価体制を創設し、評価の迅速化・効率化を図る」などとしているのです。

こうした成長戦略によって何が起こるかといえば、保険診療と自由診療との壁をなくす、混合診療の解禁がなされることとなるでしょう。一つの医療行為に保険診療と自由診療の併用を禁止することで、保険診療の維持ができてきたのですが、併用が許されれば自由診療が保険診療を押しのけてどどし入りこむこととなるでしょう。そうすれば、診療の保険適用の範囲が次第に狭められることになるのは目に見えています。

しかし、これは、21世紀の成長分野を求める企業にとっては好都合なことなのです。米国の医療資本や製薬会社も、こうした規制緩和の実施によって、日本の医療市場へ積極的に参入することを望んでいるのです。

しかも、成長戦略にある医療分野の自由化は、国内だけではなく、国際的にもその展開が企てられていることに注意すべきなのです。すなわち、「一般社団法人メディカル・エクセレンス・ジャパン（ＭＥＪ）を活用し、官民一体となって日本の医療技術・サービスの国際展開を推進する」としているからにほかなりません。「新興国を中心に日本の医療拠点について２０２０年までに10か所程度創設し、２０３０年までに5兆円の市場規模を目指す。その際、国際保健外交拠点との連携、ＯＤＡ、政策金融等の活用も図り、真に相手国の医療の発展に寄与する持続的な事業展開を産業界とともに実現する」と述べています。

国際的に医療資本の展開を図り、医療を事業として展開する戦略からは、国民皆保険制度をしっかり守っていくなどという姿勢は、微塵ほども感じることができません。

■② エネルギー ――海外進出へ

戦略市場創造の第2のテーマは、クリーン・経済的なエネルギー需給の実現です。これも国際展開がらみなのです。いわく「アジアをはじめとする新興国での需要の増大、シェールガス革命を経た供給構造の変化、世界及び各地で高まる環境負荷など、代わりゆくエネルギー情勢の中で、低廉な価格で必要なときに必要な量のクリーンエネルギーを安心して利用できる社会を実現する」としています。

この2013年に発表された『日本再興戦略』には、原発のことには触れられてはいませんが、国際展開戦略で述べられるインフラ輸出と関連して新興国への原発売り込みが再開されるのは時間の問題といえるでしょう。2014年6月に発表された『改訂版』では、原子力発電の再開を明確に記述しています。安全性が確認された原子力発電の活用という項目で次のように書かれております。「いかなる事情よりも安全性を全てに優先させ、国民の懸念の解消に全力を挙げる前提の下、原子力発電所の安全性については、原子力規制委員会の専門的な判断に委ね、原子力規制委員会により世界で最も厳しい水準の規制基準に適合すると認められた場合には、その判断を尊重し原子力発電の再稼働を進める」。

■③ インフラ――他国の社会資本を儲けの対象に

戦略市場創造の第3のテーマは、安全・便利で経済的な次世代インフラの建設となっています。最先端技術を生かして、インテリジェント・インフラを実現するとしています。安全で強靭なインフラが低コストで実現されている社会が目指されますが、やはり市場創造となれば新興国などへのインフラ輸出が主たる目標となるでしょう。「成長が見込まれる世界のインフラ市場を官民一体で獲得する」として「官民一体、オールジャパンで売り込みを強化するために、内閣総理大臣を始めとする閣僚によるトップセールスを毎年10件以上実施する」さらに、「海外展開支援融資ファシリティの活用、JABIC・NEXIによる現地通貨建ファイナンス支援の強化、海外投融資を含むODAの積極的活用、貿易保険の拡充など政策支援ツールを充実する」としているのです。

安倍首相が、2014年、多くの新興国を財界のトップの人たちと訪れ、軍事協力や原子力発電の売り込みやインフラ建設の協力などを話し合い、まさに官民一体となってトップセールスを行っていることが話題となりましたが、首相の行動はまさにこのアベノミクスの戦略市場創造プランに沿って行動しており、外遊費用は歴代の総理大臣の中でも突出しており、私企業の販売活動に莫大な公費をつぎ込んでいるということになります。

④「食」の振興も大企業の儲けに

戦略市場創造の第4のテーマは、世界を惹きつける地域資源で稼ぐ地域社会の実現です。ここでは、農産水産物・食品、第6次産業、コンテンツ・文化等の日本ブランドを世界に販売するということがあげられています。

「・日本食材と世界の料理界のコラボレーションの促進や、日本食の普及を行う人材育成等を通じ、日本食材の活用を推進する。・ビジネス環境の整備、人材育成、知的財産の侵害対策、出資による支援を通じて、日本の「食文化・食産業」を海外展開する。・国別・品目別輸出戦略の策定、ビジネス環境の整備、出資による支援等を通じて、日本の農林水産物・食品を輸出する。・上記の食産業のグローバル展開の実現に向け、官民共同による意見交換の場を設置、専門知識や経験を持つ人材を確保・活用する仕組みの構築、フードシステム全体の海外展開を図る取組を来年度から実施する。・また、「食」がテーマの「2015年ミラノ国際博覧会」等への出展を通じ、我が国農林水産業・食関連産業の強みや日本食・食文化の魅力を発信する」という農林水産業の国際展開がテーマとなります。

こうした、日本の食産業の世界への売り込みは、TPPがらみであることに注意しなければなりません。といいますのは、TPP参加をきっかけとして農林水産業の成長産業化をめざし、大企業が、従来その支配の及ばなかった農業と水産事業へ積極的に参加できうる状況を創り出そうとしているからにほかなりません。「強い農業」というのがそのキャッチフレーズです。企業に農地所有を許し、農業の輸出産業化を図ろうとする考えなのですが、TPPに参加することになれば、外国から安い農産物が大量にわが国に輸入され、わが国の食料自給率は激減することになるでしょう。国民の食料自給率低下などはお構いなしに、商社など、大企業が食料の輸出・輸入を通じて大儲け、これが日本再興戦略であるということはここで明記しておかなければなりません。

(2) 国際展開戦略

■血税を使って多国籍企業中心の世界戦略

日本再興戦略における国際展開戦略のキャッチフレーズは、「世界に飛び出し、そして世界を惹きつける」です。「新興国を中心に世界マーケットは急速な勢いで拡大を続けており、このマーケットの獲得競争に打ち勝っていけるかどうかは、資源の乏しい日本にとって死活問題である」と述べます。そこで、この再興戦略では、民間の力を最大限引き出すとしておきながら、「国際展開に関する限り、商売の話は民だけに任せればよいという従来の発想を大胆に転換し、インフラ輸出やクールジャパンの推進などのトップセールスを含め官民一体で戦略的に市場を獲得し、同時に日本に投資と観光客を取り込む体制を整備する」としています。

税金などでは、減税に次ぐ減税を要求し社会的責任を果たそうとしない大企業は、国際展開になると今度は、官民協力などといって、国庫の税金を頼りにビジネスを展開しようと虫のいいことを考えているわけです。この再興戦略は、日本企業の国内投資の活発化を目指すなどといいながら、企業の海外展開を支援するのが政府の仕事だなどといっているのです。たとえばこうも言っています。

「事業再編や事業組み換えなどの取組により、収益性を飛躍的に向上させた企業が、果敢に海外M＆Aや海外展開を進め、グローバルトップ企業となれるよう、金銭面や人材面での集中的な支援を行う」。

日本再興戦略に占める国際展開は、いわばその要の位置にあるといってもいいでしょう。というのは、安倍政権の経済成長戦略は、国民経済全体のための成長戦略ではありませんし、また、国民の所得水準の上昇を図り、需要の側面を重視し、国民生活の豊かさを向上させるための処方箋でもありません。まさに、日米多国籍企業の成長戦略なのであり、それゆえ国際展開戦略こそその要なのです。

国際展開戦略で、冒頭次のように言っているのが何よりの証拠です。

「新興国を中心に世界市場は急速に拡大しており、この成長市場の獲得に向けて、世界各国が激しい競争を繰り広げている。我が国企業が持つ技術力をはじめとした強みを生かし、積極的に世界市場に展開を図っていくとともに、対内直接投資の拡大を通じて、世界のヒト、モノ、カネを日本国内に惹きつけることにより、世界の経済成長を取り込んでいく。

このため、経済連携協定や投資協定・租税条約の締結拡大や、国内外の市場にまたがる制度的障害の除去に取り組むとともに、海外からの投資環境の整備やグローバル人材の育成等を通じて、日本国内の徹底したグローバル化を進め、国際展開を促進するための事業環境を整備する」。

したがって、TPP協定交渉を積極的に推し進め、ゆくゆくは、FTAAPを創り上げていくという日米財界がもくろむ多国籍企業中心の世界戦略が、成長戦略の要となるのです。具体的にこれをどう進めるのかについて重視されているのが、オールジャパン官民連携体制でのインフラシステムの輸出戦略なのです。「世界の膨大なインフラ需要を積極的に取り込むため、在留邦人や日系企業等の安全対策を強化しつつ、日本の「強みのある技術・ノウハウ」を最大限に活かして、2020年に「インフラシステム輸出戦略」で掲げた約30兆円（現状約10兆円）のインフラシステムの受注目標を達成する。加えて、在外公館、政府関係機関などを有効に活用しつつ、世界に通用する技術や意欲を持つ中堅・中小企業等の支援や戦略的なクールジャパンの推進など我が国の優位性を最大限活かし海外市場獲得を図る[89]」と述べています。

[89]　同上『日本再興戦略』、155㌻。

3　日米経済政策の比較検討
――アベノミクスの財政政策とオバマの財政政策とは何が違うのか――

■社会保障を削減する安倍政権

ここで、アベノミクスの財政政策をオバマ政権の財政政策と比較検討してみることにいたしましょう。機動的財政政策に基づく「緊急経済対策」12年度補正予算13・3兆円が、異次元の金融緩和政策と共に、7月参議院選挙目当ての一時的景気浮揚策であったことはすでに述べました。その後も安倍政権は、13年度一般会計92・6兆円、消費増税対策とした13年度補正予算5・5兆円、14年度一般会計95兆8823億円の財政出動予算を組んできましたが、2015年度政府予算案では、一般会計予算が昨年度当初より0・5％増の96兆3420億円と過去最高となっています。

しかしここで重要なのは、この財政支出政策の中身を問わなければならないでしょう。社会保障費は、最も大きな費目で、31兆5297億円、昨年度比3・3％増となっていますが、これは、社会保障費の自然増を削減した結果であり、多くの費目で手当たり次第に削減の措置がとられています。公的介護を行う事業者への介護報酬の2・27％の削減、生活保護も住宅補助と防寒費用にあたる冬季加算の削減、生活扶助費も3年連続減額、年金も物価・賃金上昇分に応じた増大率を2・4％と見込みながら実質減の1％増にすぎません。介護保険の利用料も所得に応じて上昇させますし、70歳から74歳の患者負担も新たに70歳になる人から2割に倍増となります。

■軍事と大企業優先、消費税増税と法人税減税

こうした社会保障費の抑え込みに対して軍事費は、3年連続増額です。史上最高の4兆9801億ドルですが、集団的自衛権行使容認による「海外で戦争のできる国」づくりが着々と進んでいることになります。

公共事業関係費は、5兆9711億円と14年度とほぼ同額ですが、大企業支援の成長戦略に重点を置く大型公共事業費は、3年連続の上昇、中小企業対策費は、前年比0・2％増の1856億円にすぎません。

文教科学費は、前年度比1・3％減の5兆3613億円、義務教育費国庫負担金は、38億円減、幼児教育無償化は見送り、「道徳教育化」推進のため、教師用資料の作成・配布などを含め15億円などを計上しています。

こうした歳出の特徴にたいして、歳入面では、税収が4兆5240億円の増加を見込みますが、これは言うまでもなく、消費増税によるものです。前年度比1兆7730億円増加の17兆1120億円に達することが大きな要因ですが、法人実効税率を数年間で20％台に引き下げるため、法人税を15年度では2・51％引き下げるというのです。

中小企業の多くは赤字で法人税を支払っていない企業が多いわけですから、この減税によって赤字企業が助かるというわけではありません。大きな収益を上げている大企業ほどその恩恵は大きいということになります。資本金10億以上の企業の内部留保の金額が、285兆円になったという最近のデータが示していますように、アベノミクスによる円安によって、輸出大企業が収益を増加させているのです。また、株式市場の活性化から富裕層の証券市場からの収益も急増しています。

こうした大企業や富裕層からきちんと税金をとり、税収をあげていれば国債に依存する比率も大幅に引き下げることができるわけですが、安倍政権は決してそうした政策をとろうとはしません。新たな国の借金は、36兆8630億円で、前年度比10・6％の減少にしかすぎません。依然として予算の4割近くを借金に依存するという構造が続きます。しかも安倍政権は、2017年度には、法人実効税率20％に引き下げると同時に、その年の4月からは、消費税を10％にし、さらに、年金実質減少、75歳以上の医療保険料の大幅アップを考えているのです。

■オバマがめざす政策―富裕層の負担で弱者保護を

こうしたアベノミクスの財政政策に対してオバマ政権が全く異なる政策をとってきたことは、第Ⅱ章で詳細に述べました。アベノミクスの機動的財政政策が、選挙目当ての一時的な景気浮揚を狙った政策であったことに対して、オバマ政権の世界経済危機に対応する政策は、復興法に見られるように、雇用維持の短期的な政策であると同時に、個人救済効果を狙った家計減税であり、失業保険給付の拡張・延長であり、弱者保護のための支出でしたし、また、資本・労働・技術への長期成長力の強化を図る施策を含むものでした。

しかも、経済危機の進行とともに深刻化する貧困対策は、政権の最も重視する政策のひとつでした。とりわけ、2014年は、1964年に時の大統領ジョンソンが貧困とのたたかいを始めてから、ちょうど50年目ということでしたから、大統領経済諮問委員会報告は、次のようにその対策の経済政策的意義を強調しました。

「貧困対策プログラムは貧困から困窮世帯を救出する使命感あふれる取り組みだが、短期では国民経済の強い回復、そして長期においては経済成長が貧困とのたたかいを持続的に前進させるために必要だというエコノミストの幅広い意見の一致があることを、われわれは自覚しなければならない。実際に、われわれの社会的セーフティーネットが低賃金労働者の賃金を補う取り組みの経済的利益を促進するためには、すべての労働者に雇用を提供する強い労働市場が貧困とたたかうために不可欠なパートナーとなる。過去数十年間の経済的不平等の拡大において、われわれはすべてのアメリカ人が利益を得られるような均整ある成長のために奮闘しなければならない。そのためには、われわれは経済成長がすべての人びとにもたらされることを保障し、よい賃金で報われるための人的資本の幅広い土台を確保するために、生涯学習と技能向上のための機会をすべてのアメリカ人に提供することを約束する[90]」と述べています。

しかもこうした政策をアベノミクスのように、低所得者層へ負担のかかる消費増税などという政策で実行しようとするのではなく、富裕層増税計画によって実施しようと考えるところが、新自由主義的経済政策をあくまで貫こうとする安倍政権などとは全く観点が異なる「中間層重視の経済学」の真骨頂ということができるでしょう。

バフェットルールについては、すでに述べましたし、2013年1月から施行された「米国納税者救済法」は、レーガン政権以来、富裕層の減税に次ぐ減税をほんのちょっぴり改善し、最高所得獲得層への増税につながったことも既述の通りですが、2015年一般教書演説でオバマ大統領は、富裕層増税とその増税分を財源として中間層への税制優遇措置を実施すると表明しました。

具体的には、富裕層の株や不動産売買からあがるキャピタルゲイン（所得）に対して最高税率をレーガン政権期の28％に戻すことを、また大手金融企業の取引に金融取引税をかけることを提起し、富

[90]　『2014米国経済白書』、2014年、206ページ。

裕層増税の実施による税収増で、子どもを育てる510万の勤労世帯に子ども一人当たり3000ドルまでの税額控除、大学生のいる世帯への減税、定年退職後の生活資金を蓄えることを容易にする税制改革を行うことを提案しています。

もちろんこうした計画が、野党共和党が両院の多数を占める状況ですんなり通過するとは思われませんが、少なくとも政権の姿勢として「中間層の強化こそ米国経済力の強化となる」という就任以来一貫して主張してきた信念がここに示されていることに注目しなければなりません。

おわりに

■オバマ「改革」の背景にある市民運動

オバマ政権の経済政策は、野党共和党の執拗な攻撃に遭い実施を妨げられてはきました。しかし、米国経済は、世界経済が停滞する中、危機からの脱却が最も早く実現できそうなのです[91]。

２０１４年10月29日の米連邦準備制度理事会（ＦＲＢ）は、金融政策を決定する連邦公開市場委員会において、米国債などの資産を購入し、金融機関に資金を注入する「量的緩和」政策を終了しました。ＦＲＢは、12年9月に「量的緩和第３弾（ＱＥ３）」を開始し、一時は米国債などを月に８５０億ドルも買い上げていたのです。しかし、雇用などの経済環境が改善していることから14年1月以降は、購入額を月１５０億ドルにまで段階的に縮小してきましたが、14年10月で購入を停止しました。量的緩和政策とともに導入したゼロ金利政策は、「相当の期間」は継続するということですが、そう遅くなく金融政策の本道である金利政策に戻ることになるでしょう。

日本銀行は、よく知られているように、14年10月31日には、追加金融緩和政策を実施し、また欧州中央銀行（ＥＣＢ）もマイナス金利政策や無期限の債権買取政策を続行していることと比べると、米国は、いちはやく世界経済危機に始まる異常な金融政策からの脱却に成功したといえるでしょう。

こうした米国経済の状況は、世界経済危機後のオバマ政権の経済政策と無縁ではありませんし、それについては、本書で詳しく述べてきました。とりわけ最近の米国における最低賃金の大幅アップを求める運動が、この米国経済上昇トレンドに深くかかわっていることは注目していいと思います。上下両院には、すべてのアメリカ人の最低賃金を時給10・10ドルに引き上げるハーキン＝ミラー法案が提

[91]　2015年の世界経済については、拙稿「2015年の世界経済――米欧諸国の格差拡大・高失業率」『経済』新日本出版社、2015年２月号を参照のこと。

出され、オバマ大統領は強くその成立を議会に促していることは、すでに本書で述べましたが、米国世論が連邦議会の最賃法案の可決を強く望んでいる事実が報道されています。インターネット紙「ハフィントン・ポスト（電子版）」の世論調査（14年10月末）では、連邦議会が来年に最低賃金引き上げ法案を可決することが「とても重要」「多少重要」と答えたのは、合わせて6割となりました。

もちろん、こうした動きは、世論だけではありません。14年11月に行われた中間選挙と同時に行われた地方自治体独自での最低賃金を引き上げる新法を問う住民投票では、アラスカ、サウスダコタ、ネブラスカ、アーカンソーの4州とカリフォルニア州サンフランシスコ、オークランド2市において、最低賃金引き上げ法が可決され実施に移されています[92]。

米国の民主的エコノミストのひとり、ロバート・B・ライシュは、近著で次のように述べています。「米国の歴史を貫く大きな流れには、明らかなパターンがある。特権や権威が私たちを後退させようとしたとき、私たちは必ず結集し、最後には前進してきた。これには、ときには巨大な投資バブルの崩壊のような経済的ショックがともなうこともあった。庶民の不満が行動につながり、転換点を迎えたこともあった。1900年から16年の間に行われた進歩主義的な改革、1930年代のニューディール、1950年から60年の公民権運動、1960年代から現在にいたるまで断続的に続いてきた、女性、少数派、障害者、同性愛者の権利拡大、1970年代の環境改善運動などについて考えてみよう。どの時代にも、この国がよって立つ進歩的な理想の火が逆進勢力に対抗して再燃し、その結果が根本的な改革につながったのである[93]」と。

[92]　『しんぶん赤旗』2014年11月7日付。

[93]　ロバート・ライシュ著・雨宮寛／今井章子訳『格差と民主主義』東洋経済新報社、203～204ページ。

■賃金水準大幅アップをめざし「全国一律最低賃金制」の確立を

ひるがえって日本をみますと、アベノミクスの下で、２０１４年４月に消費税が５％から８％に増税され、弱者いじめの経済政策によって、ＧＤＰはマイナス成長ですし、賃金は長期にわたって低下を継続させ、格差と貧困の拡大が憂慮されているというのが現実です。

オバマ政権は、最近になって最低賃金の大幅上昇が米国経済の経済成長にとって重要であることの経済的根拠を示し始めましたが、日本では、それよりかなり前から、賃金水準の大幅アップをめざし「全国一律最低賃金制」導入の重要性を訴え、その経済的根拠を指摘してきた労働組合があることを忘れてはなりません。

全労連・全国一般東京地方本部が組織し「グローバル化とナショナル・ミニマムに関する研究会」が中心となってまとめた増田正人・黒川俊雄・小越洋之助・真嶋良孝著『国民的最低限保障――貧困と停滞からの脱却』（大月書店、２０１０年７月）において提起されている５つの課題について最後に述べてみることにしましょう。

「第一に、それぞれの国の単身世帯を基本とする標準生計費に基づいて全国一律最低賃金額を「最低額」として決定する制度を立法化する。第二に、この「最低限」を下回る低賃金が多く支払われている地域、業種、年少者などについては、その低賃金をなくすために、目標より低い「暫定減額措置」を決める。第三に全国一律最低賃金額と連動させて社会保障・社会福祉などの給付額の「最低限」を決定するとともに、課税最低限を規制する仕組みを創りだす。第四に、農漁民、自営業者、中小企業者の「労働報酬」の「最低限」を全国一律最低賃金に連動させて保障しうる仕組みを創りだす。そのためには、生産物やサービスの原価を、「不足払い」や破産、倒産後の「敗者復活」を可能にする仕組

み も含めて規制する。第五に、国際的に、全国一律最低賃金額を決定していく過程で、各国間の大きな格差を縮小していくように、低いほうをより大幅に引き上げる方式で、各国および各国間の「市場経済」の仕組みを改革していく」[94]と提起されています。

もちろん、このような課題は、アベノミクスのような新自由主義的構造改革路線では実現することは難しく、国連やその他の国際機関へ働きかけて実現していかなければならないといえますが、オバマ政権が、同様な筋で、苦悩するコミュニティへの投資と再建を訴えていることは、注目に値します。「貧困率の高い地域での生活は、犯罪、質の高い教育機会の制限、優良な雇用の不足を含む多様な問題を提示する。これらの問題は、相互に関連し、またここに形成された問題の複合でもあり、とりわけ子どもがそうだが、人々は貧困ゆえに生じる不利益の克服が極めて困難である。

子どもの出身地が彼らの運命を決定するのではない。チャンスを与え、すべての子どもが成功の機会を得るため、わが政権は公的・民間の資源を集中させて、貧困度の高い地域をチャンスが溢れるコミュニティへと変革するため、州・地方政府と協力している」[95]と述べているのです。

今こそ先進国、途上国を問わず、世界の諸国民の、貧困の撲滅と生活水準の向上をめざした、地域に根差した民主主義的な構造改革こそが望まれているといえるのではないでしょうか。市場原理主義によるグローバル化に対抗して、各国でナショナル・ミニマムを実現した「地域コミュニティ」を形成する「もう一つのグローバル化」、すなわち、人権と平和を実現する「グローバル・コミュニティ」の構築こそが21世紀の社会に望まれていることなのかもしれません。[96]

[94] 増田正人・黒川俊雄・小越洋之助・真嶋良孝著『国民的最低限保障――貧困と停滞からの脱却』大月書店、2010年、77ページ。

[95] 『2014米国経済白書』、2014年、211ページ。

[96] 増田他、前掲『国民的最低限保障』78ページ。

［著者略歴］
萩原　伸次郎（はぎわら　しんじろう）
1947年　京都市生まれ。
1976年　東京大学大学院経済学研究科博士課程単位修得退学。
1978年　横浜国立大学経済学部助教授。1989年　同経済学部教授。
1990年～1991年米国マサチューセッツ大学経済学部客員研究員。
2000年～2002年　横浜国立大学経済学部長。2013年　退職。
現在、横浜国立大学名誉教授。
　　　神奈川県労働者学習協会　会長

［主な著書・訳書］
『アメリカ経済政策史』有斐閣、1996年
『通商産業政策』日本経済評論社、2003年
『世界経済と企業行動』大月書店、2005年
『ワシントン発の経済「改革」』新日本出版社、2006年
『米国はいかにして世界経済を支配したか』青灯社、2008年
『日本の構造「改革」と TPP』新日本出版社、2011年
『ＴＰＰアメリカ発第３の構造改革』かもがわ出版、2013年
エコノミスト臨時増刊『米国経済白書』（訳・監修）、毎日新聞社、2002～2013年各年版
『2014米国経済白書』（訳・監修）蒼天社出版、2014年

オバマの経済政策とアベノミクス―日米の経済政策はなぜこうも違うのか―

発行　2015年５月11日　初　版
　　　2015年９月15日　第２刷

定価はカバーに表示

著　者　　萩原伸次郎

発行所　　学習の友社
〒113-0034 東京都文京区湯島２－４－４
TEL 03(5842)5641　FAX 03(5842)5645
振替　00100-6-179157

印刷所　㈲トップアート

ISBN978-4-7617-0697-5 C0036